essentials

essentials liefern aktuelles Wissen in konzentrierter Form. Die Essenz dessen, worauf es als „State-of-the-Art" in der gegenwärtigen Fachdiskussion oder in der Praxis ankommt. *essentials* informieren schnell, unkompliziert und verständlich

- als Einführung in ein aktuelles Thema aus Ihrem Fachgebiet
- als Einstieg in ein für Sie noch unbekanntes Themenfeld
- als Einblick, um zum Thema mitreden zu können

Die Bücher in elektronischer und gedruckter Form bringen das Fachwissen von Springerautor*innen kompakt zur Darstellung. Sie sind besonders für die Nutzung als eBook auf Tablet-PCs, eBook-Readern und Smartphones geeignet. *essentials* sind Wissensbausteine aus den Wirtschafts-, Sozial- und Geisteswissenschaften, aus Technik und Naturwissenschaften sowie aus Medizin, Psychologie und Gesundheitsberufen. Von renommierten Autor*innen aller Springer-Verlagsmarken.

Erich R. Unkrig

Die werteorientierte (Führungs-) Persönlichkeit

Rückgrat zeigen und Orientierung geben

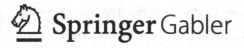

Erich R. Unkrig
Krefeld, Deutschland

ISSN 2197-6708   ISSN 2197-6716   (electronic)
essentials
ISBN 978-3-658-42401-5   ISBN 978-3-658-42402-2   (eBook)
https://doi.org/10.1007/978-3-658-42402-2

Die Deutsche Nationalbibliothek verzeichnet diese Publikation in der Deutschen Nationalbiblio-
grafie; detaillierte bibliografische Daten sind im Internet über http://dnb.d-nb.de abrufbar.

Planung/Lektorat: Ann-Kristin Wiegmann
Springer Gabler ist ein Imprint der eingetragenen Gesellschaft Springer Fachmedien Wiesbaden
GmbH und ist ein Teil von Springer Nature.
Die Anschrift der Gesellschaft ist: Abraham-Lincoln-Str. 46, 65189 Wiesbaden, Germany

Was Sie in diesem *essential* finden können

- Sie erkennen, dass Werte wesentlich zum Verständnis von Einstellungen, Ansichten, Normen und Verhaltensweisen beitragen.
- Sie erfahren, dass Werte unser Verhalten lenken, während die Prioritäten innerhalb unseres Wertesystems unsere Wahrnehmung der Realität beeinflussen.
- Sie verstehen die Schlüsselrolle von Werten, wenn es darum geht, jeder unserer Handlungen einen Sinn zu geben.
- Sie erkennen, dass das, was wir für wertvoll halten, Konsequenzen auf unsere Entscheidungen hat.

Vorwort

Volatilität, Unsicherheit, Komplexität und Ambiguität (VUKA) sind die Realitäten unserer Zeit (siehe u. a. Unkrig 2020/1, 2023). Sie sind Synonyme für die sich immer schneller ändernden Rahmenbedingungen in vielen Bereichen, darunter Wirtschaft, Politik, Gesellschaft und Technologie. Gemeint sind die hohe Geschwindigkeit und die Instabilität von Veränderungen, die Schwierigkeit, zukünftige Entwicklungen vorherzusagen und zu kontrollieren, das Verflochtensein und die Unvorhersehbarkeit von Situationen und die Mehrdeutigkeit und Unklarheit von Informationen. Diese Faktoren haben Auswirkungen auf alle Bereiche des Lebens und beeinflussen sowohl jede/n einzelne/n als auch Teams, Organisationen und unsere gesamte Gesellschaft.[1]

In einer solchen Zeit des ständigen Wandels und neuer Herausforderungen ist es umso wichtiger, dass wir uns nicht nur auf unsere Werte und Prinzipien besinnen, sondern auf dieser Grundlage auch Rückgrat zeigen. Die erste Premierministerin des Vereinigten Königreichs, Margret Thatcher, soll einmal gesagt haben, „Das Rückgrat ist bei manchen unterentwickelt – vielleicht weil es so wenig benutzt wird." – was anatomisch natürlich nicht stimmt, weil jede/r eine Wirbelsäule und ein Rückgrat hat … sonst könnten wir nicht aufrecht stehen oder gehen. Was aber ist mit „Rückgrat zeigen" eigentlich gemeint? Wer Rückgrat hat, beweist Haltung. So jemand bleibt standhaft, aufrecht und aufrichtig. Rückgrat zu zeigen bedeutet, dass wir zu unseren Überzeugungen stehen, dass wir unseren Werten und Prinzipien auch in schwierigen Situationen treu bleiben. Gerade in

---

[1] VUKA-Faktoren führen beispielsweise dazu, dass sich Menschen auf ungewohnte Arbeitsbedingungen und Veränderungen in der Arbeitswelt einstellen, dass Unternehmen ihre Geschäftsmodelle und Strategien anpassen, um wettbewerbsfähig zu bleiben, oder dass politische Gruppierungen bisher vertretene idealistische Standpunkte auf dem Altar realer Notwendigkeiten opfern (müssen).

Zeiten des Wandels und der Unsicherheit suchen Menschen nach Orientierung und Halt. Dabei können wir als Einzelne, als Gruppe und als Gesellschaft eine wichtige Rolle spielen, indem wir unsere Werte und Prinzipien (vor-)leben und anderen idealerweise als Vorbild dienen. Indem wir Rückgrat zeigen und uns zu unseren Überzeugungen bekennen, können wir anderen Orientierung geben und dazu beitragen, dass auch sie ihr eigenes Rückgrat finden, stärken und/oder trainieren.

Rückgrat zu zeigen, das erfordert jedoch Mut und Entschlossenheit. Es bedeutet, selbst in schwierigen Situationen standhaft zu bleiben und sich nicht von eigenen Emotionen und äußeren Einflüssen beeinflussen zu lassen. Dabei ist es wichtig, dass wir uns unserer eigenen Werte und Prinzipien bewusst sind und diese auch regelmäßig und konsequent reflektieren. Nur so können wir sicherstellen, dass wir uns selbst in jeder Situation treu bleiben und idealerweise zu einem Vorbild für andere werden. Damit geben wir anderen in unserem Umfeld Orientierung und tragen ggfs. dazu bei, dass unser Einfluss- und Verantwortungsbereich in der Spur bleibt, dass er sich positiv (weiter-)entwickelt und dass wir uns gemeinsam für eine erstrebenswerte Zukunft einsetzen.

In einer VUKA-Welt gewinnen Werte eine besondere Bedeutung. Sie dienen in den damit einhergehenden Herausforderungen als Leitplanken, die uns ausrichten sowie Grenzen aufzeigen und so Grundlagen für Entscheidungen und daraus resultierendes Verhalten und Handlungen schaffen. Einige Werte, die Ihnen, liebe Leserinnen und Leser, in diesem Kontext wahrscheinlich als besonders wichtig in den Sinn kommen, sind beispielsweise Anpassungsfähigkeit, Flexibilität, Resilienz und Zusammenarbeit – weil diese Werte dazu beitragen, Herausforderungen und Unsicherheiten zu bewältigen und schnell auf Veränderungen zu reagieren. Aber auch eher traditionelle Werte[2] wie beispielsweise Ehrlichkeit, Integrität, Empathie und Verantwortungsbewusstsein behalten in einer VUKA-Welt ihre Bedeutung, da sie als wesentliche Grundlage für Vertrauen, Kooperation und Nachhaltigkeit dienen (können).

Erich R. Unkrig

---

[2] Traditionelle Werte sind solche, die von Generation zu Generation innerhalb einer bestimmten Gruppe oder Gesellschaft entwickelt und weitergegeben werden und weiterhin Bestand haben (siehe vertiefend hierzu u. a. die Ausführungen von Hans Blumenberg (Blumenberg 2020) zum Themenfeld „kulturelles Erbe").

Inhaltsverzeichnis

Ethik, Moral, Normen, Tugenden, Werte – alles das Gleiche?

Der Begriff „Werte" wird im deutschsprachigen Raum häufig verwendet und ist – direkt oder indirekt – Bestandteil von Diskussionen über Identität, politische und wirtschaftliche Interessen, (Unternehmens-)Kultur, Ethik, Moral und Glauben. Er wird je nach Kontext anders begriffen, ist wenig greifbar – und stiftet somit Verwirrung, da er meist pauschal und ohne Nennung von konkreten Inhalten verwendet wird.

Normen, Ethik, Werte und Tugenden spielen eine wesentliche, oft entscheidende Rolle in jedem Kontext. Sie unterstützen uns dabei, unser Verhalten und Handeln auf das auszurichten, was einen Mehrwert in einer Gemeinschaft schafft (siehe auch Löhrer 2007; Reiter 2017). Oftmals werden diese Begriffe in einen Topf geworfen und/oder synonym verwendet. Daher ist es für ein gemeinsames Grundverständnis hilfreich, kurz zu klären, was diese Begriffe im Kern bedeuten.

- Ethik (siehe Abschn. 1.1) bezieht sich auf moralische Grundsätze und Werte, die unser Handeln und Verhalten leiten. Sie fragt danach, was im zwischenmenschlichen Miteinander als gut resp. richtig angesehen oder als böse resp. falsch bewertet wird und wie wir uns verhalten sollten, um moralisch verantwortlich zu handeln.
- Normen (siehe Abschn. 1.2) sind Regeln und Erwartungen, die in einer Gruppe, Gemeinschaft oder Gesellschaft Geltung haben (sollen). Sie zielen darauf ab, ein möglichst reibungsloses Miteinander zu ermöglichen, indem

E. R. Unkrig, *Die werteorientierte (Führungs-)Persönlichkeit*, essentials, https://doi.org/10.1007/978-3-658-42402-2_1

sie uns sagen, was wir tun und was wir lassen sollten. Normen können formell (wie beispielsweise Gesetze und Standards[1]) oder informell sein (wie beispielsweise multilaterale Konventionen[2] wie das Verbot zur Entwicklung, Herstellung und Lagerung biologischer Waffen).

- Tugenden (siehe Abschn. 1.3) sind positive Charaktereigenschaften, die dazu beitragen, ein gutes, befriedigendes und erfüllendes Leben[3] zu führen; sie fördern ein reibungsarmes, harmonisches Miteinander.
- Moral (siehe Abschn. 1.4) bezeichnet die Gesamtheit ethisch-sittlicher Normen, Grundsätze und Werten, die das zwischenmenschliche Verhalten einer Gesellschaft regulieren und die von ihr als verbindlich akzeptiert werden.
- Werte (detailliert dazu siehe Kap. 2) sind Überzeugungen und Ideale, die in einer Gemeinschaft, Gesellschaft oder Kultur als wünschenswert angesehen werden. Sie geben Orientierung und helfen bei der Entscheidung, was Priorität haben soll.

Einige Zusammenhänge dieser Begrifflichkeiten zeigt Abb. 1.1.

Wir brauchen Normen, Ethik, Werte und Tugenden, damit unsere komplexe und heterogene Gemeinschaft funktioniert. Das ermöglicht es uns, Regeln zu schaffen, die uns beispielsweise vor Hass, Gewalt, Missbrauch und Ausbeutung schützen. Sie sind die Basis dafür, Unterschiede zu tolerieren und zu respektieren. Gleichzeitig leitet sie uns bei Entscheidungen – vor allem solchen, die unser unmittelbares Umfeld wie auch die Gesellschaft als Ganzes betreffen. Indem wir uns an Normen, Werten und Tugenden orientieren, können wir als Einzelne, als Gruppe und als Gesellschaft unsere Potenziale entfalten und uns weiterentwickeln.

---

[1] Ein Standard ist eine grundsätzlich anerkannte, einheitliche und meist auch angewandte oder zumindest angestrebte Art und Weise, einen Prozess durchzuführen oder ein Produkt herzustellen.

[2] Eine Konvention ist eine Regel oder Verhaltensnorm, die von einer Gruppe oder Gemeinschaft aufgrund eines Konsenses eingehalten wird.

[3] Was ein gutes Leben ist, hängt von den individuellen Werten, Überzeugungen und Bedürfnissen ab. Das heißt, dass jede/r für sich selbst definieren muss, was für ihn/sie ein solches Leben ausmacht.

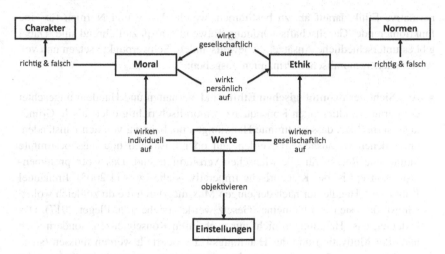

Abb. 1.1 „Landkarte" der Begriffe

1.1 Ethik

Ethik ist ein Teilbereich der Philosophie und beschäftigt sich einerseits mit der Frage, was richtig und was falsch ist und andererseits mit der Begründung von moralischen Werten und Normen. Es geht also um moralische Grundsätze und Prinzipien und darum, welches Verhalten und Handeln als angemessen und damit auch als gerechtfertigt angesehen werden kann. Die Bewertung von Handlungen und Entscheidungen erfolgt anhand moralischer Kriterien wie beispielsweise Gerechtigkeit, Freiheit, Verantwortung. Dabei gibt es zwei grundsätzliche Zugänge: 1) die normative Ethik, die selbst moralische Urteile formuliert und zu begründen versucht, und 2) die deskriptive Ethik, die keine moralischen Urteile fällt, sondern die Moral in ihren unterschiedlichen Aspekten und Erscheinungsformen lediglich beschreibt (siehe vertiefend Scarano 2011).

Normative Ethik setzt sich mit den idealerweise geltenden moralischen Normen und Werten auseinander sowie damit, welche Handlungen als richtig und welche als falsch anzusehen sind. Damit bezieht sie sich auf die Entwicklung von Grundsätzen, die eine Orientierung für moralisches Handeln anbieten. Es geht darum, Standards zu definieren, die idealerweise für alle Menschen verbindlich sind. Im Gegensatz zur deskriptiven Ethik, die sich mit der Beschreibung von tatsächlichen moralischen Überzeugungen und Handlungen beschäftigt, zielt normative Ethik darauf ab, zu bestimmen, welche Werte und Normen für eine funktionierende (Gesellschafts-)Ordnung notwendig resp. zielführend sind. Dabei gibt es unterschiedliche Ansätze, die jeweils andere Schwerpunkte setzen und von verschiedenen moralischen Prinzipien ausgehen:

- Aus Sicht der **deontologischen Ethik** sind Verhalten und Handeln ungeachtet der daraus resultierenden Konsequenzen moralisch richtig oder falsch. Grundlage ist die Idee, dass bestimmte Handlungen unabhängig von den Umständen, unter denen sie ausgeführt werden, gut oder böse sind und dass bestimmte moralische Regeln für alle Menschen verbindlich sind. Das wohl prominenteste Konzept ist der Kategorische Imperativ (siehe Ludwig 2005). Immanuel Kant sagt: „Handle nur nach derjenigen Maxime, durch die du zugleich wollen kannst, dass sie ein allgemeines Gesetz werde" (siehe u. a. Pleger 2017). Das bedeutet, dass Handlungen nicht nur nach ihren Konsequenzen, sondern auch nach der Motivation und der Handlungsweise beurteilt werden müssen (siehe auch Eißner 2017). Ein weiteres Prinzip in diesem Kontext ist Autonomie: Wir sollen eigenverantwortlich handeln, und dieses Handeln soll auf unserem freien Willen basieren. In der deontologischen Ethik sind moralische Pflichten und Regeln wie beispielsweise das Verbot zu lügen, das Gebot der Gerechtigkeit oder die Achtung der Menschenwürde von zentraler Bedeutung. Verhalten und Handeln, das dagegen verstößt, wird als moralisch falsch angesehen; und zwar – wie bereits geschrieben – unabhängig von daraus resultierenden Konsequenzen.
- Die **konsequentialistische Ethik** bezieht bei der moralischen Bewertung von Handlungen deren Folgen ein. Sie argumentiert, dass die Moralität von Handlungen an den Konsequenzen gemessen werden sollte, die durch die Handlung verursacht werden. Dabei legt sie Wert auf solche Handlungen, die zu positiven Konsequenzen führen und fördert diese.[4] Eine grundsätzliche Kritik am Ansatz liegt darin, dass 1) moralisch fragwürdige Handlungen gerechtfertigt werden könnten, wenn sie zu positiven Ergebnissen führen, und dass 2) möglicherweise die Rechte von Einzelnen verletzt werden, wenn dies zur Erreichung von höheren Zielen notwendig ist.
- **Tugendethik** betont, dass es in der Ethik darum gehe, gute Charaktereigenschaften zu entwickeln und zu pflegen, um ein gutes Leben zu führen. In diesem Sinne ist moralisches Handeln nicht das Befolgen von Regeln oder

---

[4] Innerhalb der konsequentialistischen Ethik gibt es verschiedene Ansätze wie den Utilitarismus oder die Egoismus-Theorie. Der Utilitarismus betrachtet die Maximierung des Nutzens für so viele Menschen wie möglich als das höchste moralische Ziel. Hingegen priorisiert die Egoismus-Theorie das individuelle Glück und das Wohlbefinden des/r Einzelnen.

die Maximierung von Nutzen, sondern das Streben nach Tugenden und moralischen Eigenschaften. Sie unterstellt, dass ein Mensch, der tugendhaft lebt, in der Lage ist, sowohl moralisch angemessene Entscheidungen zu treffen als auch moralisch richtig zu handeln, ohne sich auf Regeln berufen zu müssen. Ein von Tugenden und Charaktereigenschaften geprägtes Leben sei nicht nur ein moralisch richtiges, sondern auch ein erfülltes und glückliches Leben (siehe vertiefend Räss 2018).

Die bereits angesprochene **deskriptive Ethik** konzentriert sich auf die Beschreibung und die Analyse tatsächlicher moralischer Überzeugungen, Handlungen und Entscheidungen in einer Gesellschaft oder Kultur. Im Gegensatz zur normativen Ethik, die sich mit der Frage beschäftigt, was moralisch richtig oder falsch sein sollte, versucht sie zu beschreiben, was Menschen tatsächlich als moralisch angemessen erachten und wie sie in bestimmten Situationen handeln. Damit ist die deskriptive Ethik ein wichtiger Ausgangspunkt für die normative Ethik, indem sie ermöglicht, ein besseres Verständnis für die moralischen Überzeugungen und Handlungen von Menschen zu gewinnen und somit moralische Normen und Werte zu entwickeln, die auf diesen Überzeugungen und Handlungen basieren.

1.2 Normen

In unserem Kontext ist eine Norm ist eine Regel oder eine Erwartung, die in einer Gruppe oder einer Gemeinschaft geteilt wird und das Verhalten von Einzelnen in bestimmten Kontexten und Situationen regelt.[5] Sie kann formell oder informell sein und ist ein grundsätzlich anerkannter Verhaltensstandard, der in sozialen Kontexten erwartet wird (siehe u. a. UNICEF 2021). In ihrer moralischen, ethischen, kulturellen oder rechtlichen Ausprägung regelt sie Verhalten in grundsätzlich allen privaten, beruflichen, institutionellen und gesellschaftlichen Kontexten. Insofern hat sie durch ihre zentrale Rolle einen starken Einfluss auf die Gestaltung von Verhaltensweisen und Interaktionen und leistet so einen Beitrag, damit das menschliche Miteinander reibungsarm und effizient funktioniert. Einschränkungen und Konflikte entstehen dann, wenn Normen nicht mit persönlichen Überzeugungen und Werten übereinstimmen oder wenn sie als ungerecht oder diskriminierend empfunden werden.

---

[5] Unter dem Begriff „Norm" wird im wirtschaftlichen Kontext die auf einem Konsens beruhende Formulierung, Veröffentlichung und Anwendung bestimmter Regeln und Leitlinien durch eine anerkannte Organisation verstanden.

Es gibt verschiedene Arten von Normen, die auf unser Miteinander einwirken
(können) (siehe Eichner 1981; Popitz 2006; Klein und Görder 2011; Hallschmitt
2020), beispielsweise:

- **Moralische Normen** sind Teil unseres sozialen Bewusstseins. Sie bilden den
  Bezugspunkt für unser Verhalten, regeln unsere Beziehungen zu anderen und
  zur Gesellschaft und sind Maßstab für unser eigenes Verhalten. Damit sind
  sie eine Art von Standard, nach dem soziales Verhalten (positiv oder negativ) bewertet wird. Ihre verpflichtende oder verbietende Kraft beruht auf den
  Einflüssen des gesellschaftlichen Denkens und der bestehenden Gewohnheiten
  und Traditionen (siehe vertiefend Bogdanova 1974; Cuncic 2021; UNICEF
  2021).
- **Soziale Normen** beziehen sich auf das Verhalten, das von resp. in einer
  bestimmten Gruppe oder Gemeinschaft erwartet wird. Es ist schwer vorstell-
  bar, ob und wie eine Gemeinschaft ohne soziale Normen funktionieren würde.
  Denn Normen sorgen in Beziehungen für Struktur, Berechenbarkeit und Vor-
  hersehbarkeit und helfen dabei, dem Verhalten und Handeln der anderen einen
  Sinn zuzuschreiben und sie zu verstehen.
- **Geschlechtsspezifische Normen** (Gender norms – siehe UNICEF 2021) als
  Teilmenge sozialer Normen beziehen sich auf kollektive Überzeugungen und
  Erwartungen innerhalb einer Gemeinschaft oder Gesellschaft darüber, wel-
  che Verhaltensweisen für Frauen und Männer angemessen sind sowie auf
  die Beziehungen und Interaktionen zwischen den Geschlechtern (siehe UNI-
  CEF 2017). Sie sind Standards resp. wahrgenommene Regeln, wie sich der/die
  Einzelne aufgrund des biologischen Geschlechts verhalten sollte. Sie werden
  von klein auf verinnerlicht und können zu Diskriminierung und Ungleichheit führen. Auf das Geschlecht bezogene Normen sind Ausdruck der einer
  Gesellschaft innewohnenden Machtdynamik der männlichen und weiblichen
  Geschlechterrollen[6] (siehe ergänzend Sir Peter Ustinov Institut 2012).
- **Rechtliche Normen** beziehen sich auf Verhaltensweisen, die durch Gesetze
  und Vorschriften geregelt werden. Ihr Zweck ist es, unser Miteinander so zu
  gestalten, dass die sozialen Beziehungen gemäß den Idealen und Werten, die
  eine Gesellschaft bestimmen, gefördert, gefestigt und weiterentwickelt werden.
- **Konventionelle Normen** berücksichtigen Verhaltensweisen, die von der
  Gesellschaft oder der Kultur als normal oder üblich angesehen werden. Im

---

[6] Geschlechtsspezifische Normen stärken häufig männliche Privilegien und verschärfen die
diskriminierende Behandlung von Mädchen, Frauen und nicht-binären Geschlechtsidentitä-
ten.

Gegensatz zu moralischen und sozialen Normen koordinieren sie das Verhalten in willkürlicher Weise und innerhalb bestimmter Grenzen und können durch Konsens oder Autoritäten geändert werden (Kanngiesser et al. 2021).

- **Technische Normen** beziehen sich auf Verhaltensweisen, die von technischen oder wissenschaftlichen Standards justiert werden.[7] Aus industrieller Perspektive gewährleisten sie eine Kombinierbarkeit von Systemen bei gleichzeitiger Produktdifferenzierung. Unter solchen Normen hergestellte und somit standardisierte Produkte und Dienstleistungen werden als verlässlich wahrgenommen, was einerseits das Vertrauen der Nutzer stärkt und andererseits die Akzeptanz einer Technologie erhöht.

1.3 Tugenden[8]

Tugenden sind positive Charaktereigenschaften.[9] Grundsätzlich ermöglichen sie es, moralische oder ethische Entscheidungen zu treffen und diese in entsprechendes Verhalten und Handeln umzusetzen. So verstanden tragen sie dazu bei, dass wir ein erfülltes Leben führen (können), was sich wiederum positiv auf unsere mentale Fitness und die Beziehungen zu anderen Menschen auswirkt (siehe vertiefend Halbig und Timmermann 2021). Tugenden lassen sich aus verschiedenen Perspektiven segmentieren:

Kardinaltugenden[10] sind vier Tugenden des Geistes und des Charakters sowohl in der klassischen Philosophie als auch in der christlichen Theologie und wurden bereits in der Antike vom griechischen Philosophen Platon und später vom christlichen Philosophen Thomas von Aquin definiert:

- Weisheit ist die Fähigkeit, in einer Situation die richtige Handlungsweise zu erkennen.
- Gerechtigkeit ist die Fähigkeit, fair und rechtschaffen zu handeln.
- Tapferkeit ist die Fähigkeit, Angst, Unsicherheit und Einschüchterung zu begegnen.

---

[7] Eine bekannte Institution ist bspw. das Deutsche Institut für Normung e. V. (DIN).

[8] Siehe vertiefend Halbig und Timmermann (2021).

[9] Tugenden werden als gute oder edle Eigenschaften angesehen und sind oft Teil von ethischen oder moralischen Lehren (Zirfas 1999).

[10] Kardinaltugenden werden so genannt, weil sie als die für ein tugendhaftes Leben erforderlichen Grundtugenden angesehen werden.

- Mäßigung ist die Fähigkeit zu Selbstbeherrschung, Enthaltsamkeit und Besonnenheit.

Diese Tugenden werden deshalb als grundlegend angesehen, weil sie andere Tugenden inspirieren und leiten können (Drucker 2006).

Theologische Tugenden bestehen aus den vier Kardinaltugenden und den drei „theologischen" Tugenden, die insbesondere im Christentum thematisiert werden: Glaube, Hoffnung und Liebe (Luther 2016). Sie werden als theologische Tugenden bezeichnet, weil sie sich direkt auf die Beziehung zu Gott und zu anderen Menschen ausrichten (siehe auch McGowan 2013; Encyclopedia Britannica).

Intellektuelle Tugenden sind tiefgreifende persönliche Eigenschaften oder Charakterstärken, die für die Qualität im Denken und Lernen erforderlich sind: Wissen, Verständnis und Weisheit oder, konkreter formuliert, intellektuelle Sorgfalt, Ausdauer, Ehrlichkeit, Demut, Aufmerksamkeit und Gründlichkeit. Als Fähigkeiten tragen sie dazu bei, dass es uns möglich ist, Wissen und Informationen zu erwerben und zu verarbeiten. Die Intellectual Virtues Academy benennt diesbezüglich neun relevante Tugenden:

- Neugier als Bereitschaft, nachzudenken, nach dem Warum zu fragen und Dinge verstehen zu wollen.
- Intellektuelle Bescheidenheit als Bereitschaft, die eigenen intellektuellen Grenzen und Fehler einzugestehen.
- Intellektuelle Autonomie als die Fähigkeit zu aktivem, selbstgesteuertem Denken und zur Argumentation.
- Aufmerksamkeit als Bereitschaft, im Lernprozess präsent, achtsam und engagiert zu sein.
- Intellektuelle Sorgfalt als Sensibilität für die Erfordernisse ganzheitlichen Denkens.
- Intellektuelle Gründlichkeit als Bereitschaft, sich nicht mit dem äußeren Anschein oder einfachen Antworten zufriedenzugeben, sondern nach Erklärungen und nach einem tieferen Sinn und Verständnis zu suchen.
- Aufgeschlossenheit als die Fähigkeit, über den Tellerrand zu schauen und alternative Perspektiven wahrzunehmen.
- Intellektueller Mut als Bereitschaft, trotz Angst vor Versagen mit kalkuliertem Risiko an eigenen (Denk-)Ansätzen oder Kommunikationsstrategien festzuhalten.
- Intellektuelle Hartnäckigkeit als Bereitschaft, sich intellektuellen Herausforderungen und Auseinandersetzungen zu stellen.

Moralische Tugenden sind nach klassischem Verständnis die affektive Bedingung für die Vernünftigkeit von Handlungen. Sie richten uns (affektiv) auf das Gute aus und potenzieren auf diese Weise praktische Vernunft – insbesondere die Fähigkeit, auch im Einzelnen und Konkreten das sittlich Richtige zu erkennen und es auch zu tun. Somit ermöglichen sie uns, moralische oder ethische Entscheidungen zu treffen und entsprechend zu handeln. Sie beruhen auf der Kombination von Wissen und Unvoreingenommenheit, durch die wir in einem Kontext oder in einer konkreten Situation zwischen Richtig und Falsch unterscheiden können (siehe auch Ronheimer 2000; Birondo und Braun 2017; Cullity 2018). Unsere abendländische Tradition kennt sieben Tugenden: Glaube, Liebe, Hoffnung, Weisheit, Gerechtigkeit, Tapferkeit und Mäßigung. Diese dienen als Regeln für Verhalten und symbolisieren theologische, philosophische und ethische Ansprüche an jede/n Einzelne/n (Drewermann 2012).

Soziale Tugenden beziehen sich auf unser Verhalten in sozialen Situationen und darauf, wie wir mit anderen umgehen. Sie sind die Tugenden, die mit Interaktion einhergehen und die Gemeinschaft wie auch das Teilen kollektiven Wissens ermöglichen (siehe hierzu Goldberg 2009; Ahlstrom-Vij 2015). Beispiele hierfür sind Freundlichkeit, Höflichkeit, Respekt und Großzügigkeit.

Tugenden werden in unterschiedlichen Zusammenhängen und in verschiedenen Kulturen unterschiedlich interpretiert und priorisiert. Sie sind Eigenschaften, die dazu dienen (können), ein als sinnvoll oder wertvoll betrachtetes Lebensziel zu erreichen. Sie sollen im Leben den Weg weisen sowie zu richtigem Verhalten und Handeln inspirieren und anleiten.

Wir sollten uns bewusst sein, dass Werte und Tugenden eng miteinander verbunden sind und sich gegenseitig beeinflussen. Denn Tugenden sind positive Charaktereigenschaften, die uns helfen, unsere Werte umzusetzen und moralische oder ethische Entscheidungen zu treffen. Beide, Werte und Tugenden, tragen dazu bei, ein moralisch gutes Leben zu führen und sich im Kontext mit anderen positiv und konstruktiv zu bewegen. Darüber hinaus unterstützen sie uns dabei, in schwierigen Situationen oder bei der Bewältigung von Herausforderungen uns auf die eigenen Stärken und Überzeugungen rückzubesinnen.

1.4 Moral

Moral bezieht sich auf Prinzipien und Werte, die den Rahmen für individuelles Verhalten und Handeln bilden (sollten). Es handelt sich also um eine Sammlung von Überzeugungen, die uns in dem leiten, was richtig und was falsch ist und die uns helfen, angemessene Entscheidungen zu treffen und unser Verhalten zu regulieren (siehe auch BzPB o. J.). Moral basiert auf verschiedenen Quellen wie beispielsweise religiösen und spirituellen Überzeugungen, kulturellen Traditionen oder Prinzipien der Vernunft und beinhaltet Aspekte wie Verantwortung, Gerechtigkeit, Mitgefühl und Respekt. Dabei bezieht sie sich sowohl auf individuelles Verhalten als auch auf das von Gruppen oder Gesellschaften. Wie bei allem anderen auch gibt es verschiedene moralische Theorien und Ansätze. Die wahrscheinlich wichtigsten moralischen Theorien sind (siehe auch die Ausführungen zu Ethik im Abschn. 1.1):

Deontologie (auch als Gesinnungsethik oder Pflichtenlehre bezeichnet) besagt, dass bestimmte Handlungen moralisch richtig oder falsch sind – und zwar unabhängig von ihren Konsequenzen (Schmidt 2011).

Konsequentialismus (auch Verantwortungsethik genannt) erachtet ein Verhalten oder eine Handlung dann als gerechtfertigt, wenn ihre Folgen ein moralisches Gut beziehungsweise einen moralischen Wert fördern (beispielsweise das allgemeine Glück). Dabei müssen die erwarteten positiven und negativen Konsequenzen verschiedener (Handlungs-)Alternativen gegeneinander abgewogen werden. In Bezug auf Glück ist dies der Utilitarismus, bei dem durch eine Handlung der größtmögliche Gesamtnutzen erreicht werden soll.

Utilitarismus (auch als Nutzethik, zweckorientierte Ethik oder nach Peter Singer (Singer 2013) als Präferenzutilitarismus oder Interessenutilitarismus bezeichnet) besagt, dass nur solche Verhaltensweisen ethisch vertretbar sind, die für die größte Zahl der beteiligten Personen ein Höchstmaß an Zufriedenheit bedeuten. In diesem Sinne handelt nur der-/diejenige moralisch richtig, der/die vor jeder Handlung überlegt, ob damit Negatives minimiert und Positives maximiert wird.

Tugendethik beurteilt Verhalten und Handeln danach, inwieweit diese mit als wertvoll erachteten Einstellungen und Haltungen übereinstimmen und betont, dass Moral auch in Charaktereigenschaften besteht. Eine Person ist moralisch gut, wenn sie Tugenden wie Weisheit, Mut, Mitgefühl, Gerechtigkeit und Bescheidenheit besitzt und lebt (siehe auch Räss 2018).

Kontraktualismus (auch Vertragstheorie oder Lehre vom Gesellschaftsvertrag genannt) ist eine legitimierende Vorstellung, um staatliche Rechtsordnungen moralisch und institutionell zu begründen. Er betont die Bedeutung von Verträgen oder Abkommen, die zwischen Personen oder Gruppen geschlossen werden. Diese legen fest, welche moralischen Verpflichtungen und Rechte die Parteien haben, was wiederum die Grenzen des akzeptablen Verhaltens definiert (Rawls 1979).

Naturrechtsethik versteht sich als eine universale Ethik. Es geht hierbei um Grundorientierungen sittlich-moralischen Handelns, das Übereinstimmungen mit der Natur des Menschen sucht. Hinter dem Begriff „Naturrecht" steht die Annahme, dass die Normen des menschlichen Zusammenlebens durch die Natur des Menschen begründet werden können. Dabei wird betont, dass es moralische Gesetze gibt, die objektiv und unabhängig von menschlichen Konventionen und Meinungen sind (siehe auch Spaemann 1987; VELKD 2017).

Werte

2

2.1   Was sind Werte?

Als Begriff wird „Wert"[1] (oder „Werte") zwar häufig verwendet, aber selten genau definiert. Tatsächlich findet er sich in mehreren Disziplinen (Wirtschaft, Sozialpsychologie, Soziologie), und sein Verständnis variiert von einer Disziplin zur anderen und manchmal sogar innerhalb einer Disziplin. Für Clyde Kluckhohn (Kluckhohn 1951) ist ein Wert eine explizite oder implizite Vorstellung davon, was für den/die Einzelne oder eine Gruppe wünschenswert ist, und die einen bei der Entscheidung für eine Handlungsoption unter Berücksichtigung von Sinn und Zweck beeinflusst. Helmut Thome (Thome 2015) ist der Ansicht, dass Werte wie Normen zu einem gängigen Vokabular der Soziologie gehören, das sich allmählich in der gewöhnlichen und öffentlichen Sprache durchgesetzt hat, um Ideale oder regulative Prinzipien zu bezeichnen, die Vorrang vor allen anderen Überlegungen haben. Diese Definition ergänzt Milton Rokeach durch die Feststellung, dass ein Wert die dauerhafte Überzeugung sei, dass eine bestimmte Verhaltensweise oder ein bestimmter Endzustand der Existenz persönlich oder gesellschaftlich einer entgegengesetzten oder umgekehrten Verhaltensweise oder einem Endzustand der Existenz vorzuziehen ist (Rokeach 1973). Und Shalom Schwartz (Schwartz 1992) stellt fest, dass Werte Konzepte oder Überzeugungen sind, die sich auf wünschenswerte Endzustände oder Verhaltensweisen beziehen, über spezifische Situationen hinausgehen, die Auswahl oder Bewertung von Verhalten und Ereignissen leiten und nach relativer Bedeutung geordnet sind. Ausgehend davon identifiziert er fünf nach seinem Verständnis grundlegende Merkmale:

---

[1] Als Begriff stammt „Wert" vom lateinischen Verb valere ab und bedeutet „stark sein".

- Werte sind Überzeugungen.
- Werte beziehen sich auf Endzustände oder Verhaltensweisen, die von einem Individuum gewählt werden.
- Werte ermöglichen die Überschreitung der Grenzen (Transzendierung) spezifischer Situationen, die von Einzelnen erlebt werden.
- Werte leiten Einzelne bei der Auswahl oder der Bewertung von Verhalten, Personen oder Ereignissen in ihrem Umfeld.
- Werte bilden mit anderen Werten ein Wertesystem.[2]

Werte können sowohl von Kultur zu Kultur, von Gemeinschaft zu Gemeinschaft als auch von Mensch zu Mensch unterschiedlich sein. Dabei sind sie oft ein wichtiger Bestandteil unserer Identität und nehmen vielfach Einfluss auf unser Verhalten und Handeln sowie auf unsere Reaktionen in verschiedenen Kontexten und Situationen. Vergleichbar mit der Differenzierung von Normen (siehe Abschn. 2.1) gibt es verschiedene Kategorien von Werten, die auf unser Verhalten Einfluss nehmen (können).

- **Moralische Werte** sind Gewohnheiten, die von unserem Umfeld und der Gesellschaft, in der wir leben, bestätigt werden. Im Gegensatz zu anderen Werten handelt es sich bei ihnen um rein persönliche Werte – also um Werte, die sich nur auf unsere Handlungen oder unseren Charakter beziehen. Andreas Kinneging (Kinneging 2011) schreibt, dass moralische Werte in der Regel nicht Gegenstand konkreter Handlungen sind, sondern sich in der Art und Weise zeigen, wie wir diese Handlungen ausführen. Moralische Werte leiten unser Handeln also nicht direkt im Sinne von Zielen, sondern indirekt. Was heißt, dass sie in irgendeiner Weise bereits in unserem Denken präsent sein müssen, bevor Handlungen ausgeführt werden, um diese in eine moralisch angemessene Richtung zu lenken. In der Regel sind diese Werte (Gerechtigkeit, Nächstenliebe, Tapferkeit, Treue, Bescheidenheit, Aufrichtigkeit, Freundlichkeit usw.) universell und unterscheiden sich in den Kulturen und Gesellschaften nicht wesentlich.
- **Kulturelle Werte** sind die zentralen Prinzipien und Ideale, auf denen eine Gesellschaft beruht, die sie schützt und auf die sie sich stützt, um als Gemeinschaft zu existieren und konstruktive Beziehungen zu pflegen. Diese Werte

---

[2] Ein Merkmal individueller Werte ist, dass sie in einem hierarchischen System organisiert sind, das durch die Bedeutung des einen Wertes im Verhältnis zum anderen geregelt wird (Bilsky und Schwartz 1994).

beziehen sich auf Sitten und Gebräuche, die Traditionen und Rituale umfassen, auf Werte, die Überzeugungen sind sowie auf die Kultur selbst, die alle Leitwerte einer Gemeinschaft umfasst (siehe Hofstede 2001; Hampden-Turner und Trompenaars 2012; Essien 2020). Sie werden von der Kultur geprägt, mit der wir uns am meisten identifizieren. Sie sind weder positiv noch negativ – sie sind einfach nur verschieden. Dabei kann es sowohl zwischen verschiedenen Gruppen als auch innerhalb von Gruppen unterschiedliche kulturelle Werte geben.

- **Soziale Werte** beziehen sich auf die Bedeutung von sozialen Beziehungen und Interaktionen. Einzelne wie auch soziale Gruppen beziehen sich auf sie, um persönliche resp. kollektive Ziele zu definieren, um die Art und Weise der sozialen Ordnung in Bezug auf ein Kollektiv zu gestalten – also auf das, was als akzeptabel angesehen wird und auf das, was sein sollte bzw. was nicht sein sollte bzw. auf das, was wünschenswert oder was nicht wünschenswert ist (Kluckhohn 1951; Tsirogianni et al. 2014).
- **Individuelle Werte** beziehen sich auf die Bedeutung, die der/die Einzelne einem bestimmten Aspekt des Lebens beimisst. Insofern beziehen sie sich auf die eigenen Interessen gegenüber jenen der Mitglieder der eigenen wie fremder Gruppen. Deshalb liegt die Priorität auf individueller Unabhängigkeit, Selbstvertrauen und der Selbstverwirklichung – und dies ggfs. zu Lasten der Interessen und der geteilten Werte der Gemeinschaft, der Gesellschaft oder der Nation (Hofstede 2001; Hampden-Turner und Trompenaars 2012; Morand und Walther 2018).
- **Spirituelle Werte** beziehen sich auf die Überzeugungen im Zusammenhang mit Spiritualität, Religion und Glaube. Damit diese Sinn stiften, gehört dazu der Aufbau einer „Energiequelle" für die Entwicklung von Hoffnung in Verbindung mit gegenseitigem Geben und Nehmen, Helfen und Geholfenwerden (Rudolfsson et al. 2014).

Shalom Schwartz (Schwartz 1992) vertritt die Auffassung, dass Werten gemeinsam ist, als eine Art von Gründungsprinzip zu dienen, mit dem die Existenz von Einzelnen oder Gruppen Orientierung bekommt. Demzufolge können wir sie als eine Grundüberzeugung ansehen, die für jede/n eine ausgeprägte Bedeutung und Wichtigkeit hat und die im Laufe der Zeit relativ unverändert bleibt. Richard Barrett (Barrett 2013) meint, dass diejenigen Konzepte, die auf Werten basieren, im Allgemeinen durch ein Wort oder einen Ausdruck dargestellt werden können (wie beispielsweise Ehrlichkeit, Integrität, Mitgefühl, Menschenrechte). Darüber hinaus hätten Werte einen universellen Charakter, da sie nicht kontextabhängig sind, während Verhaltensweisen im Gegensatz dazu spezifisch beschrieben werden können und nicht kontextübergreifend sind. Hinzu kommt, dass sich Werte auf etwas beziehen, das letztlich identitätsstiftend ist (siehe auch Feather 1988) – also auf unsere Persönlichkeit wie auch auf unser Gefühl der Zugehörigkeit zu oder des Ausgeschlossenseins von einer sozialen Gruppe, und damit für die Selbstdefinition von zentraler Bedeutung sind. Last but not least werden Werte häufig als getreue Widerspiegelung der Sitten und Ideologien der Kulturen angesehen, in denen der/die Einzelne lebt bzw. gelebt hat.

2.2 Entstehung und Entwicklung von Werten

Es gibt verschiedene Faktoren, die zur Entstehung unserer Werte beitragen.

- Kulturelle und gesellschaftliche Einflüsse
  Unsere kulturelle und gesellschaftliche Umgebung hat einen prägenden Einfluss auf unsere Werte. Bestimmte Werte können in einer Kultur oder Gesellschaft als besonders wichtig, priorisiert oder wünschenswert angesehen werden. Ihre Vermittlung erfolgt in unserer Sozialisation sowie durch Medien, Erziehung und über Bildungsaktivitäten.
- Erfahrungen
  Persönliches Erleben und die daraus resultierenden Erfahrungen beeinflussen die Entwicklung unserer Werte. Denn wir lernen über und aus Erfahrungen und entscheiden auf dieser Grundlage, was uns wichtig ist.
- Persönlichkeit
  Die Gesamtheit der persönlichen (charakteristischen, individuellen) Eigenschaften beeinflussen die Entstehung unserer Werte. Wenn wir beispielsweise ehrgeizig sind, liegt es nahe, dass wir Erfolg als Wert schätzen. Wenn wir empathisch und mitfühlend sind, dann stehen wahrscheinlich Werte wie Solidarität und Mitgefühl im Vordergrund.
- Religion und Spiritualität
  Religion und Spiritualität können eine Quelle für unsere Werte sein. Viele religiöse und spirituelle Traditionen legen Wert auf bestimmte Tugenden und Eigenschaften wie Nächstenliebe, Mitgefühl und Gerechtigkeit.
- Bildung
  Unsere Bildung und Ausbildung tragen zur Entstehung unserer Werte bei. Durch den Zugang zu Wissen und Bildung werden wir in die Lage versetzt, unsere Werte zu hinterfragen und möglicherweise auch zu verändern.

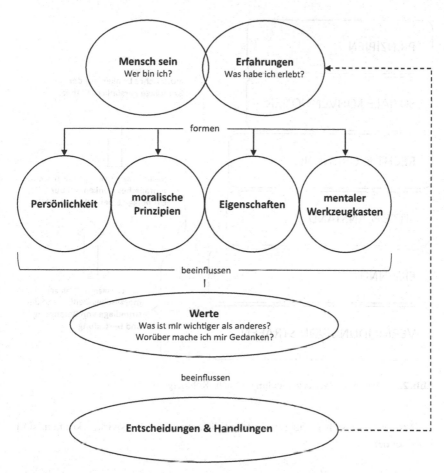

Abb. 2.1 Werte im Kontext persönlicher Entwicklung

Wie sich dies im Kontext unserer persönlichen Entwicklung realisiert, zeigt Abb. 2.1.

Die Identitätsentwicklung im Kontext von Werten ist ein komplexer Prozess, der sich im Laufe unseres Lebens entwickelt und verändert. Abb. 2.2 zeigt drei wesentliche Entwicklungsphasen.

Abb. 2.2   Phasen der Werteentwicklung. (Nach: Kohlberg 1984)

Prozesse, wie sich Werte auf die Identitätsentwicklung auswirken können, sind insbesondere:

- Entdeckung von Werten
  Im Laufe der Kindheit und des jungen Erwachsenenalters entdecken wir (bewusst oder unbewusst) Werte, übernehmen diese oder entwickeln eigene. Wir beginnen, darüber nachzudenken, was uns wirklich wichtig ist und welche Werte uns Leitbilder sind, um unser Leben im Kontext unseres Umfelds zu gestalten.
- Wertekonflikte
  Wenn verschiedene Werte in Konflikt geraten, führt dies zu Unsicherheit und Verwirrung. Wertekonflikte sind oft schwierig zu lösen, da sie tiefgreifende Überzeugungen betreffen. Wir wägen ab, fühlen uns innerlich zerrissen … und

wenn wir uns für eine Option entschieden haben, kommen oft direkt Zweifel auf, ob nicht die andere die bessere gewesen wäre.

- Werteübernahme
  Gewollt oder ungewollt übernehmen wir Werte von unserer Familie, von Freunden oder unserem sozialen und kulturellen Umfeld. Diese Werte können Teil unserer Identität werden. Sie tragen dazu bei, unsere Sicht von der Welt, unsere mentalen Modelle wie auch unser Verhalten zu prägen.
- Werteentwicklung
  Während unseres Lebens können sich Werte entwickeln, verändern oder sogar in Vergessenheit geraten. Vor allem neues Wissen und neue Erfahrungen tragen ggfs. dazu bei, dass wir Werte überdenken und neue Werte entwickeln.
- Werte und Identität
  Wenn wir uns über unsere Werte im Klaren sind, führt dies grundsätzlich zu einer Stärkung unserer Persönlichkeit. Und wenn wir wissen, wer wir sind und was uns wichtig ist, können wir unser Leben auf eine Weise gestalten, die mit unseren Werten im Einklang ist.

2.3 Werte-Typologie

Man kann verschiedene Arten von Werten unterscheiden (siehe vertiefend Kim et al. 2021), die allerdings nach meiner Wahrnehmung empirisch bisher nicht untersucht und daher auch nicht validiert wurden:

- **Konstitutive Werte** sind Voraussetzung für die Bildung einer sozialen Struktur. Sie bilden die Grundlage jeder Organisation und drücken deren Ziele aus.
- **Verhaltenswerte** ermöglichen es, das Verhalten von Einzelnen und Teams zu bewerten und sie dazu zu bewegen, sich in Übereinstimmung mit ihren Zielen zu verhalten. Sie ermöglichen die Beurteilung falschen bzw. richtigen Verhaltens bzw. Handelns.
- **Erklärte Werte** sind solche, die in Dokumenten, Diskussionen und in der internen wie externen Kommunikation sichtbar sind.
- **Operative Werte** sind solche, die sich in Managementprozessen wie bspw. der Bewertung eines Budgets wiederfinden. Sie müssen von Einzelnen (insbesondere den Entscheidern) und von Teams verinnerlicht werden, damit diese ihr Verhalten entsprechend ausrichten (können).

• **Objektwerte** beziehen sich in Bezug auf die Umwelt auf eine Reihe von
Objekten, die als Wertobjekte in einem Ökosystem oder als ökologisches Erbe
betrachtet und geschützt werden (müssen).

Shalom Schwartz und Wolfgang Bilsky (Schwartz und Bilsky 1987, 1990) unterscheiden acht Wertefamilien: Leistung, Freiheit & Selbstbestimmung, Stimulanz,
Selbstlosigkeit & Nachhaltigkeit, Gemeinschaft, Zugehörigkeit & Tradition, Ordnung & Sicherheit sowie Einfluss & Durchsetzung. Clyde Kluckhohn (Kluckhohn
1951; siehe auch Hills 2002) nennt eine Reihe von Merkmalen, die nach seinem
Verständnis für Werte typisch sind und zu verschiedenen Ausprägungen führen:

• Wertmodalitäten
  Dieses Kriterium ermöglicht die Unterscheidung zwischen zwei Kategorien
  von Werten: positiven (konstruktiven) und negativen (destruktiven) Werten.
  Wenngleich Kluckhohn offenlässt, was er mit dieser Differenzierung meint,
  kann man positive Werte als solche verstehen, die Sinn stiftend, Identität
  fördernd, wertschätzend und/oder für die Gemeinschaft wertvoll sind. Das
  Gegenteil wären negative Werte, die also nicht konstruktiv, nicht sinnstiftend
  etc. sind.
• Inhaltliche Dimension von Werten
  Werte können sich auf verschiedene Realitätsebenen beziehen: auf eine expres-
  sive (die Art und Weise, wie sich Werte und Überzeugungen in Verhalten und
  Handeln zeigen), eine kognitive (der Einfluss von Werten und Überzeugungen
  auf die individuelle Wahrnehmung und das Denken – und wie wir etwas durch
  die Brille unserer Werte betrachten) oder eine moralische (die Rolle unserer
  Werte und Überzeugungen im Hinblick auf moralische Fragen und Entscheidungen und auf die Art und Weise, wie wir moralische Werte definieren und
  umsetzen) Realität.
• Instrumentelle Funktion von Werten
  Werte können operative Auswirkungen haben, indem sie das Verhalten und
  Handeln des/r Einzelnen oder einer Gruppe beeinflussen. Dabei handelt es sich
  um Zielwerte, ultimative (moralische Prinzipien oder Ideale, die als höchste
  und unveränderliche Ziele betrachtet werden) oder intrinsische Werte (Werte,
  die wertvoll sind, unabhängig von ihrer Nützlichkeit oder ihrer Fähigkeit,
  weitergehende Ziele zu erreichen).
• Intensität von Werten
  „Intensität" bezieht sich darauf, wie sich Werte durchsetzen und meint deren
  relative Stärke. Werte werden im Allgemeinen als stark angesehen, wenn

sie die Existenz eines Sanktionssystems beinhalten. Auch die Wiederholung bestimmter Verhaltensweisen ist ein Indikator für Stärke.

• Charakter der Werte
  Ein Wert ist dann explizit, wenn er benannt und beschrieben werden kann. Hingegen lässt sich ein impliziter Wert (nur) aus der Wiederholung bestimmter Verhaltensweisen oder der Beobachtung einer symbolischen Dimension[3] ableiten, die in bestimmten Verhaltensweisen, die ihrerseits beobachtbar sind, fortbesteht.

• Umfang des Anwendungsbereichs
  Bei dieser Dimension wird zwischen spezifischen Werten (Werten, die eine Person in einer bestimmten Gruppe betreffen), Gruppenwerten (die eine Vielzahl von Individuen betreffen) und universellen Werten (das sind Werte, die über die kulturelle Realität hinausgehen und sich als „Wahrheiten" höherer Ordnung durchsetzen) unterschieden.

2.4 Wie Werte auf unsere Persönlichkeit wirken

„Persönlichkeit" meint die Gesamtheit unserer Persönlichkeitseigenschaften: die individuellen Besonderheiten in der körperlichen Erscheinung sowie Regelmäßigkeiten des Verhaltens und Erlebens charakterisieren Individualität (Asendorf 2015). Persönlichkeitseigenschaften sind das Sichtbarwerden individueller Unterschiede in Handlungen, Gedanken und Gefühlen; sie sind über Zeit und Kontext hinweg stabil (Goldberg 1993). Mit Werten ist ihnen die zeitliche und situationsübergreifende Stabilität gemein (Rockeach 1973, Schloder 1993; Bilsky und Schwartz 1994; Schumann 2012). Wie bereits an anderer Stelle ausgeführt haben Werte einen wesentlichen Einfluss auf unser Denken, Fühlen, Verhalten und Handeln und damit eine große Bedeutung für unsere Persönlichkeit. Aspekte, die dies verdeutlichen, sind insbesondere:

• Orientierung und Sinngebung
  Werte geben uns Orientierung und Sinn im Leben. Sie helfen uns dabei, Ziele und Prioritäten zu setzen und Entscheidungen zu treffen. Wenn wir das Bewusstsein für diejenigen Werte haben, die uns wichtig sind, können wir unser Leben so weit wie möglich danach ausrichten und unsere Energie auf das konzentrieren, was uns wichtig ist.

---

[3] Victor Turner (Turner 1974) stellt fest, dass Symbole soziale Handlungen initiieren und bestimmbare Einflüsse sind, die Einzelne und Gruppen zum Handeln veranlassen.

- Selbstreflexion und Selbstverwirklichung
  Die Auseinandersetzung mit eigenen Werten und Überzeugungen trägt dazu
  bei, dass wir uns selbst besser kennenlernen, verstehen und weiterentwickeln.
  Wir können herausfinden, was uns wirklich wichtig ist und was uns im Leben
  zufrieden macht. Mit dieser Klarheit können wir entscheiden, welche Ziele
  und Projekte wir verfolgen wollen, um unsere persönliche Entwicklung wie
  auch unsere Selbstverwirklichung voranzutreiben.
- Selbstvertrauen und Authentizität
  Indem wir uns unserer Werte und Überzeugungen bewusst sind und danach
  handeln, treten wir selbstbewusster und authentischer auf. Wenn wir wissen,
  wofür wir stehen, können wir dies auch anderen gegenüber deutlichmachen –
  im Idealfall mit der Konsequenz, dass wir mehr Respekt und Anerkennung
  erhalten.
- Empathie und Beziehungen
  Unsere Werte wirken auf die und in den Beziehungen zu anderen. Indem
  wir uns mit anderen Menschen austauschen und dabei auf deren Werte und
  Überzeugungen eingehen, leisten wir einen Beitrag zur Entwicklung von
  wechselseitiger Empathie und gegenseitigem Verständnis – was dazu führt,
  dass wir bessere Beziehungen aufbauen und aufrechterhalten (können).

Werte und ihre Auswirkungen (siehe Abb. 2.3) sind daher ein zentraler Bestandteil der Persönlichkeit. Verschiedene Forschungsergebnisse (Bilsky und Schwartz
1994; Aluja und Garcia 2004; Hu et al. 2017) legen nahe, dass bestimmte
Persönlichkeitsmerkmale mit bestimmten Werteorientierungen zusammenhängen.
Beispielsweise gibt es Hinweise darauf, dass Menschen, die hohe Persönlichkeits-
werte in den Bereichen „Offenheit für Erfahrungen" und „Gewissenhaftigkeit"
aufweisen, eher dazu neigen, Werte wie Selbstverwirklichung, Kreativität und
Unabhängigkeit zu präferieren. Menschen mit höheren Persönlichkeitswerten in
den Bereichen „Verträglichkeit" und „Empathie" neigen hingegen dazu, Werte
wie Fürsorglichkeit, Solidarität und Toleranz zu schätzen. Ein weiteres Beispiel
ist die Beziehung zwischen Werten und der Persönlichkeitsdimension „Narzissmus"[4]: Hier zeigt sich, dass Menschen, die großen Wert auf Macht, Erfolg
und Prestige legen, höhere Werte im Bereich des narzisstischen Persönlichkeits-
merkmals aufweisen. Weil es viele Faktoren gibt, die die Beziehung zwischen
Werten und Persönlichkeitsmerkmalen beeinflussen können – wie zum Beispiel

---

[4] Narzissmus bezeichnet ein übersteigertes Gefühl der eigenen Wichtigkeit, ein tiefes
Bedürfnis nach Bewunderung und einen Mangel an Empathie. Die narzisstische Persönlich-
keitsstörung ist insbesondere durch Selbstüberschätzung gekennzeichnet (siehe Röhr 2005).

kulturelle Unterschiede, individuelle Lebenserfahrungen und persönliche Präferenzen –, sind die Zusammenhänge zwischen Werten und Persönlichkeitsmerkmalen komplex und nicht immer eindeutig.

Werte haben eine hohe Bedeutung für die Entwicklung von Führungskompetenzen. Diese umfassen Fähigkeiten wie Kommunikation, Entscheidungsfindung, Teamorientierung und Konfliktlösung, die alle für eine erfolgreiche Führung unerlässlich sind. Werte spielen eine wichtige Rolle bei der Entwicklung dieser Fähigkeiten, da sie das Verhalten und die Einstellung von Führungskräften beeinflussen. Führungskräfte, die beispielsweise Werte wie Integrität, Vertrauen und Verantwortung schätzen, neigen dazu, Entscheidungen zu treffen, die im Einklang mit diesen Werten stehen. Sie sind eher bereit, Verantwortung für ihre Entscheidungen zu übernehmen und zeigen eher ein offenes, ehrliches (Kommunikations-)

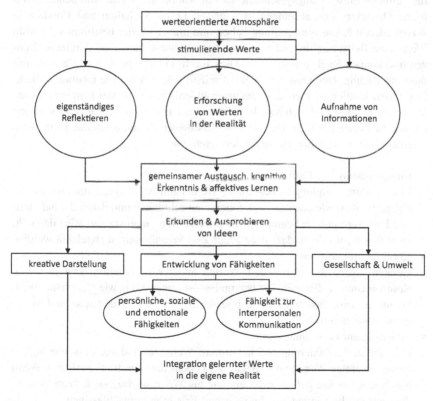

Abb. 2.3 Wirkfaktoren von Werten. (In Anlehnung an: Tillmann und Colomina 2001)

Verhalten – was entscheidend dazu beiträgt, Vertrauen und Respekt bei den Geführten aufzubauen und damit eine positive Arbeitsatmosphäre fördert. Darüber hinaus sind Führungskräfte, die Werte wie Empathie, Fürsorge und Respekt schätzen, eher in der Lage, belastbare Beziehungen zu ihren Mitarbeitenden aufzubauen. Sie sind eher bereit, zuzuhören, die Bedürfnisse und Sorgen ihrer Mitarbeitenden zu verstehen und auf sie einzugehen. Dies schafft ein Arbeitsumfeld, in dem man sich wohlfühlt und in dem man motiviert ist, das Beste zu geben.

2.5   Herausforderungen im Umgang mit Werten

Werte haben Priorität, und alle Werte haben ihre Existenzberechtigung. Die menschliche Entwicklungsgeschichte ist ein Abbild der Werte, von denen moralische Orientierungen ausgingen, die letzten Endes Verhalten und Handeln in verschiedenen Kontexten bestimmt haben und immer wieder bestimmen. Obwohl Werte eine Bedeutung in und für unser Leben haben, haben sie durchaus Grenzen und können Risiken beinhalten. Dies macht einen reflektierten Umgang mit ihnen so wichtig. Denn mit der (Wahl-)Freiheit wächst auch die Unübersichtlichkeit. Offensichtlich ist auch, dass die unterschiedlichen, mitunter konkurrierenden Wertvorstellungen und Lebensstile Spannungen und Konflikte erzeugen (siehe ergänzend Bertelsmann Stiftung 2017). Aus diesen Spannungsfeldern mit ihren Wertekonflikten entstehen Herausforderungen wie.

- Einschränkung der Freiheit
  Eine zu starke Bindung an bestimmte Werte kann dazu führen, dass wir unsere eigene Freiheit wie auch die von anderen einschränken und damit die individuelle Lebensgestaltung begrenzen. Wenn Tradition einen starken Wert darstellt, kann dies dazu führen, dass neue Ideen und Veränderungen abgelehnt werden.
- Konflikte mit anderen
  Geraten eigene Werte mit den Werten anderer in Konflikt, kommt es zu Konfrontationen. Betonen wir beispielsweise einen Wert wie Unabhängigkeit, könnte es sein, dass wir andere übersehen oder ihre Bedürfnisse und Werte nicht respektieren.
- Fixierung auf bestimmte Werte
  Eine zu starke Fixierung auf bestimmte Werte führt dazu, dass wir andere ebenso wichtige Werte und Aspekte des Lebens aus dem Blick verlieren. Wenn uns beispielsweise Arbeit und Leistung als Werte wichtig sind, kann es sein, dass wir die Bedeutung von Freizeit und Erholung vernachlässigen.

- Fanatismus und Extremismus
  Beides, Fanatismus und Extremismus (ZInFü 2020), macht intolerant gegenüber anderen Meinungen und Ansichten und mündet oft sogar in Gewalt. Wird beispielsweise Religion als Wert stark betont, kann dies dazu führen, dass andere Religionen oder Weltanschauungen abgelehnt oder sogar bekämpft werden.
- Verlust von Flexibilität
  Wenn wir zu sehr an unseren Werten festhalten, führt dies ggfs. dazu, dass wir unflexibel werden und uns nicht mehr an neue Situationen oder Veränderungen anpassen (können) – mit der Konsequenz, dass wir in bestimmten Situationen nicht mehr in der Lage sind, reflektiert und angemessen zu reagieren.

Verallgemeinert gesagt entstehen die Herausforderungen mit Werten vor allem 1) durch die Schwierigkeit, einen Konsens darüber zu erzielen, welche Werte und Einstellungen relevant sind, 2) aus der Dissonanz zwischen den eigenen Werten und den Werten, die im jeweiligen Umfeld oder Kontext erwartet oder sogar gefordert werden, und 3) den Schwierigkeiten bei der Harmonisierung bestehender Werte und sich ändernden Werten, die mit gesellschaftlichen und wirtschaftlichen Veränderungen entstehen (können).

2.6 Werte fördern und stärken

Selbstreflexion und ein Bewusstsein für eigene Werte bedeuten, dass wir uns mit den uns eigenen Werten und Überzeugungen auseinandersetzen, um ein tieferes Verständnis über uns selbst zu erlangen. Dieser Prozess beinhaltet die Fähigkeit, die eigenen Gedanken, Emotionen, Verhaltensmuster und Werte wahrzunehmen resp. zu beobachten, zu analysieren und zu bewerten. Einige Zusammenhänge zeigt Abb. 2.4.
In der Praxis bedeutet das, dass wir uns selbst Fragen stellen müssen wie beispielsweise:

- Was sind meine Kernwerte und Überzeugungen?
- Woher stammen meine Werte und Überzeugungen?
- Wie beeinflussen meine Werte und Überzeugungen mein Denken und Handeln?
  - Welche Werte sind mir am wichtigsten und warum?
  - In welchen Situationen und bei welchen Entscheidungen habe ich mich von meinen Werten leiten lassen?

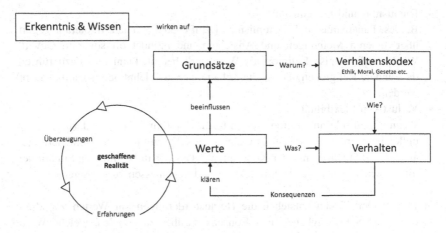

Abb. 2.4 Fakt or en der Förderung und Stärkung von Werten

- In welchen Situationen habe ich meine eigenen Werte nicht respektiert oder verletzt?
• Wie kann ich meine Werte mit meinen Handlungen in Einklang bringen?

Indem wir Antworten auf diese und ähnliche Fragen finden, entwickeln wir ein Verständnis für unsere Werte und Überzeugungen. Dies trägt dazu bei, dass wir bewusster leben und Entscheidungen treffen, die stringenter zu unseren Werten passen. Dies kann wiederum zu mehr Zufriedenheit, Glück und Lebenserfüllung führen.

Neben dem Hineinhorchen in uns selbst können wir uns auch Vorbilder suchen, die uns als Persönlichkeit durch ihr Verhalten und Handeln zu Reflexion und Nachahmung inspirieren. Wir müssen uns dabei der Licht- als auch der Schattenseiten solcher lebenden, verstorbenen oder auch fiktiven Personen bewusst sein, um sie zu einer Referenz für persönliche Entwicklung, zur Definition von Zielen oder zu einer Blaupause für unsere Werte zu machen.

Vorteile sind insbesondere:

• Vorbilder sind eine Quelle der Inspiration; dadurch können sie uns helfen, unsere Ziele und Träume zu verfolgen.
• Beobachten und Analysieren von Vorbildern helfen uns dabei, bestimmte Fähigkeiten und Kompetenzen zu erlernen, indem wir ihr Verhalten, Handeln und ihre Strategien imitieren und uns an ihren Erfahrungen orientieren.

- Vorbilder regen uns dazu an, eine klarere Vorstellung davon zu entwickeln, was wir im Leben erreichen wollen, und sie unterstützen uns dabei, unsere Ziele zu erreichen.

Mögliche Nachteile:

- Eine Fokussierung auf ein Vorbild kann dazu führen, dass wir uns zu sehr auf dessen Meinung, Verhalten und Handeln konzentrieren und unsere eigenen Werte und Überzeugungen aus dem Blick verlieren.
- Eine starke Orientierung auf ein Vorbild kann uns ggfs. in eine Abhängigkeit führen und uns in unserer Kreativität und Individualität limitieren.
- Wenn wir Vorbilder nicht kritisch hinterfragen, sondern ihnen blind folgen, schränkt es unsere Fähigkeit zur Reflexion dramatisch ein.

Grundsätzlich ist es hilfreich, dass wir uns an Vorbildern orientieren, aber gleichzeitig müssen wir auch kritisch und reflektiert bleiben. So können wir uns an den positiven Eigenschaften unserer Vorbilder orientieren, aber auch unsere eigenen Werte und Überzeugungen im Blick behalten, sodass wir uns nicht von anderen blenden lassen.

Last but not least werden Werte durch Erziehung und Bildung erworben, entwickelt und gestärkt. Erziehung[5] mit dem Fokus auf Werten bezieht sich auf den bewussten und gezielten Prozess der Vermittlung von Werten vor allem bei Heranwachsenden. Es geht darum, ihnen Werte wie Respekt, Toleranz, Empathie, Solidarität und Verantwortung nahezubringen und ihnen zu helfen, diese Werte in ihr Leben zu integrieren.

Werteerziehung ist ein wichtiger Bestandteil der Erziehung und Bildung, da sie dazu beiträgt, sich zu einer verantwortungsbewussten und werteorientierten Persönlichkeit zu entwickeln. Dabei geht es nicht nur darum, bestimmte Werte zu vermitteln, sondern auch um die Befähigung, eigene Werte zu entwickeln und zu reflektieren. Im Idealfall wird zu kritisch-konstruktivem (Hinter-)Fragen angeregt, um verschiedene Perspektiven einzunehmen und so ein tieferes Verständnis von Werten und deren Bedeutung zu ermöglichen. In der Konsequenz wird es einem Menschen so ermöglicht, verantwortungsbewusst Entscheidungen

---

[5] Unter Erziehung wird die pädagogische Einflussnahme auf die Entwicklung und das Verhalten Heranwachsender verstanden. Damit sind sowohl der Prozess als auch das Resultat dieser Einflussnahme gemeint.

zu treffen, Konflikte auf konstruktive Weise zu lösen und zu einem positiven Miteinander in seinem Umfeld und in der Gesellschaft beizutragen (siehe vertiefend DRK; Gugel 2013).

Bildung und Werteorientierung hängen eng zusammen, weil erstere dazu beiträgt, dass wir uns unserer eigenen Identität und unserer Werte bewusst(er) werden, diese reflektieren und leben. In unserer Kultur zielt sie vor allem darauf ab, Werte wie Respekt, Toleranz, Empathie, Solidarität und Verantwortung zu vermitteln und dabei zu helfen, diese Werte umzusetzen. Dazu gehört auch, dass wir – ähnlich wie im Kontext erzieherischer Interventionen – lernen, kritisch zu reflektieren und verschiedene Perspektiven einzunehmen, um ein vertieftes Verständnis von Werten und deren Bedeutung zu entwickeln.

Werteorientierung 3

Als Begriff bezeichnet Werteorientierung unsere Fähigkeit, individuelles und kollektives Verhalten und Handeln sowie die daraus entstehenden Ergebnisse durch Bewusstmachung und Reflexion zu erkennen und zu bewerten (siehe vertiefend Niedermeier 2014). Sie ist Ausdruck der Bedeutung, die wir als Einzelne den Aktivitäten und Ergebnissen für die Befriedigung unserer Bedürfnisse und Ziele zuschreiben. Werteorientierung steht dabei in einer Beziehung zu unseren Motiven und unseren mentalen Modellen[1] und Einstellungen; sie entwickelt sich im Kontext der Herausforderungen unseres sozialen Umfelds und hat grundsätzlich eine aktivierende und ausrichtende Funktion.[2]

Die in einem Wertesystem[3] zusammengefassten Werteorientierungen wirken sich auf unser gesamtes Leben aus und sind in allen Ebenen präsent: sozial, wirtschaftlich, politisch etc. (siehe vertiefend Antoci 2019). Clyde Kluckhohn (Kluckhohn 1951) definiert Werteorientierung als ein organisiertes und verallgemeinertes Konzept, das Verhalten, Natur, Menschlichkeit, Beziehungen zu

---

[1] Ein mentales Modell ist ein Abbild der Wirklichkeit in unserer Wahrnehmung. Gedächtnis, Wirklichkeitswahrnehmung und -interpretation, Problemlösung und andere Denkleistungen beruhen auf der Anwendung dieser Abbilder (Johnson-Laird 1983).

[2] Werteorientierungen bilden sich auf der Grundlage von Erleben, Erkennen und Bewerten von Handlungsoptionen, Rahmenbedingungen und privater wie beruflicher Erwartungen bzw. Anforderungen in ihrer Bedeutung und Relevanz für die Entwicklung der eigenen Leistungsfähigkeit – wie auch des mentalen, physischen und sozialen Wohlbefindens (siehe – aus einer anderen Perspektive – Emrich 2002).

[3] Der Begriff „Wertesystem" beschreibt die Summe der Werte, Haltungen und Moralvorstellungen, die dem ethischen Handeln einer Person, einer Gruppe oder einer Gesellschaft zugrunde liegen (Graves 1970; siehe auch Krumm und Parstorfer 2018).

E. R. Unkrig, *Die werteorientierte (Führungs-)Persönlichkeit*, essentials, https://doi.org/10.1007/978-3-658-42402-2_3

anderen sowie das Wünschenswerte und das Unerwünschte in Bezug auf die
Umwelt beeinflusst. Denn Werte existieren nicht für sich allein und unabhän-
gig voneinander; jeder Wert beeinflusst andere und wird von ihnen mitbestimmt.
Milton Rokeach (Rokeach 1973) schreibt, dass diese Abhängigkeit nicht zufäl-
lig sei, weil nämlich der Mensch als konsistentes Wesen die Existenz einer
minimalen Harmonie zwischen individuellen Werten voraussetze. Insofern sind
Wertvorstellungen voneinander abhängig, auch wenn sie unterschiedlich sind.
Außerdem existieren Werte nie separat, sondern sind in Wertesysteme integriert.
Die genannten Autoren sehen eine hierarchische Organisation der Werte mit
zentralen Werten, die Priorität haben. Das Wertesystem ist relativ stabil, kann
aber durch die Veränderung der Wertehierarchien und ihrer Prioritäten verändert
werden.

Grundsätzlich erscheint es schwierig, zwischen Werteorientierung und Wert zu
unterscheiden, zumal die beiden Begriffe im Allgemeinen austauschbar verwendet werden. Werteorientierung bezieht sich auf unsere Haltung und Einstellung
gegenüber bestimmten Werten und dem daraus resultierenden Verhalten und Handeln – und damit auf die Art und Weise, welchen Einfluss Werte auf unser
Verhalten und Handeln nehmen und wie wir unsere Werte und Überzeugungen in unsere Entscheidungen einbeziehen (siehe Weibler 2008; Ganster 2015;
Erpenbeck und Sauter 2018). Das ist von vielen Faktoren beeinflusst, beispielsweise von unserer kulturellen Prägung und Erziehung, von unseren Erfahrungen
und unseren mentalen Modellen wie auch von unseren persönlichen Überzeugungen. Mit einer starken Werteorientierung werden wir uns grundsätzlich darum
bemühen, unsere Entscheidungen und unser Verhalten mit unseren Werten und
Überzeugungen in Einklang zu bringen. Martin Thomé (Thomé 2007) sieht dafür
drei Qualitäten von Wissen als erforderlich an:

- Wertewissen (Wissen, was mir und/oder anderen etwas wert ist),
- Orientierungswissen (Wissen, woran ich mein und/oder woran andere ihr
  Verhalten und Handeln ausrichten),
- Handlungswissen (Wissen, auf welcher Grundlage ich und/oder andere Ent-
  scheidungen treffen).

Hinzu kommt, dass die individuelle Werteorientierung (wie schon in Kap. 2 in
Bezug auf Werte angesprochen) von verschiedenen Faktoren beeinflusst ist:

- persönliche Erfahrungen (Erlebnisse, Erfolge, Niederlagen, Beziehungen etc.)
- Kultur und Tradition
- Erziehung und Bildung

- Religion und Spiritualität
- gesellschaftliches Umfeld (gesellschaftlich wünschenswerte resp. erwartete Werte, Normen und Verhaltensweisen)
- persönliche Überzeugungen und Ideologien (politische, soziale, philosophische Überlegungen)
- Persönlichkeitsmerkmale

Diese und andere Faktoren tragen dazu bei, dass wir unsere Werteorientierung entwickeln und diese im Laufe der Zeit auch verändern (können). Dementsprechend wird sie in verschiedenen Bereichen des Lebens sichtbar: beispielsweise im Beruf, in der Familie, in der Freizeit oder in der Gemeinschaft mit anderen. Auch kann sie in gesellschaftlichen, politischen oder sozialen Fragen zum Tragen kommen und beeinflussen, wie wir damit verbundene Themen, Herausforderungen und Fragestellungen angehen und wie wir uns dazu positionieren. In der aktuellen Diskussion zeichnen sich nach meiner Wahrnehmung insbesondere drei Schwerpunkte ab: Nachhaltigkeit, Inklusion und Innovation.

1. Nachhaltigkeit (Suchanek 2021) bezieht sich auf die Fähigkeit, unsere Bedürfnisse zu erfüllen, ohne die Chancen künftiger Generationen so zu beeinträchtigen, dass diese ihre eigenen Bedürfnisse nicht mehr erfüllen können. Insofern hat Nachhaltigkeit eine vielfältige Relevanz, vor allem in Bezug auf Wirtschaft, Umwelt, soziale Gerechtigkeit und die diesbezügliche individuelle Verantwortung. Schlüsseldokumente zu diesem Thema sind bspw. die Sachstandsberichte des Weltklimarats (IPCC) der Jahre 2018–2022, die die Auswirkungen des Klimawandels auf die Nachhaltigkeit und die Zukunft der Menschheit thematisieren.
2. Inklusion (Sturm und Wagner 2020) bezieht sich darauf, eine Umgebung zu schaffen, in der alle Menschen gleichberechtigt sind und die Möglichkeit haben, am gesellschaftlichen Leben teilzunehmen. Inklusion ist ein wichtiger Wert in der heutigen Gesellschaft, insbesondere in Bezug auf die Gleichstellung von Geschlechtern, Rassen, Kulturen und Menschen mit Behinderungen; dies thematisiert u. a. der Bericht der Europäischen Kommission aus dem Jahr 2019 über die Förderung von Chancengleichheit und die Bekämpfung von Diskriminierung.
3. Innovation (Grundwald 2019) bezieht sich auf die Schaffung neuer Ideen, Produkte und Prozesse, die dazu beitragen können, Probleme zu lösen und das Leben der Menschen zu verbessern. Innovation ist ein wichtiger Wert in unserer Gesellschaft, insbesondere in Bezug auf technologische Entwicklung

und die Förderung wirtschaftlichen Wachstums. Ein Bericht, der die Bedeutung von Innovation für die Wettbewerbsfähigkeit und das Wachstum Europas betont, ist jener der Europäischen Kommission über die Innovationsunion aus dem Jahr 2013.

In den Sozialwissenschaften sieht der Fokus anders aus. Hier werden die eher übergeordneten Gebiete wie Kultur, Politik und Ethik resp. Moral zum Thema gemacht.

1. Kulturelle Werte (Behr 2020; Dunfee et al. 2021) beziehen sich auf die Werte und Überzeugungen, die in einer bestimmten Gesellschaft oder Kultur vorherrschen. Diese Werte können zum Beispiel die Bedeutung von Familie, Gemeinschaft oder individueller Freiheit betreffen.
2. Politische Werte (Flesher Fominaya und Fenstra 2020; Rümelin 2022) beziehen sich auf die Werte und Überzeugungen, die mit der politischen Ideologie oder Weltanschauung eines Einzelnen oder einer Gruppe verbunden sind. Diese Werte können zum Beispiel die Bedeutung von Freiheit, Gleichheit oder Sicherheit betreffen. Sie sind eng mit politischen Institutionen und Prozessen verbunden.
3. Ethik und moralische Werte (Heitmeyer 2021; Puntscher Riekmann und Pollak 2021) beziehen sich auf die moralischen Standards und Überzeugungen (siehe auch Abschn. 1.4), die ein Einzelner oder eine Gruppe hat. Diese Werte betreffen bspw. Fairness, Ehrlichkeit oder Mitgefühl.

3.1 Warum eine individuelle Werteorientierung wichtig ist

Werteorientierung bezieht sich auf die Art und Weise, wie Einzelne oder Gruppen Werte im Alltag umsetzen, also auf die praktische Anwendung von Werten in Entscheidungen, im Verhalten und im Handeln. Eine Persönlichkeit mit einer starken Werteorientierung wird ihre Handlungen und Entscheidungen auf der Grundlage ihrer persönlichen oder gesellschaftlichen Werte treffen. Werteorientierung hat auch eine Bedeutung für unsere Identität[4], weil sie wesentlich dazu beiträgt, wer

---

[4] Identität meint die völlige Übereinstimmung eines Menschen mit dem, was er ist oder als was er bezeichnet wird. Dazu gehört, dass wir Merkmale einer bestehenden Gruppenidentität als eigene Wesensmerkmale annehmen und zugleich eigene persönliche Merkmale ausbilden (siehe ergänzend Abels 2010).

wir als Persönlichkeit sind und was uns wichtig ist. Ein in unserem Kontext wesentlicher Aspekt ist, dass unsere Werte einen deutlichen Einfluss auf unsere Entscheidungen und das daraus resultierende Verhalten und Handeln haben.

- Werteorientierung hat Einfluss auf Prioritäten
  Unsere Werte helfen uns dabei, die aus unserer Perspektive richtigen Prioritäten zu setzen. Denn sie bestimmen, welche Ziele und Wünsche uns am wichtigsten sind und beeinflussen damit unsere Entscheidungen, wo und wie wir unsere Zeit, Energie und Ressourcen einsetzen.
- Werteorientierung bietet einen Handlungsleitfaden
  Werte dienen als eine Art Leitfaden, der uns dabei unterstützt, Entscheidungen zu treffen und entsprechend zu handeln. Sie geben uns Orientierung darüber, was wir für richtig halten; damit beeinflussen sie unser Verhalten und unser Handeln.
- Werteorientierung als Beitrag zur Konfliktlösung
  Werte können uns helfen, Konflikte zu lösen. Wenn wir in einer schwierigen Situation oder gar in einem Dilemma[5] stecken, können wir uns an unseren Werten orientieren und uns auf dieser Basis entscheiden, wie wir handeln (wollen).
- Werteorientierung ist ein Motivator
  Werte sind grundsätzlich Motive, bestimmte Entscheidungen zu treffen oder entsprechend zu handeln. Wenn etwas mit unseren Werten im Einklang steht, fühlen wir uns oft inspiriert, es auch zu tun.
- Werteorientierung beeinflusst Verhalten
  Werte helfen uns dabei, unser Verhalten anzupassen oder Verhaltensänderungen vorzunehmen. Wenn beispielsweise Gesundheit für uns ein Wert ist, wird uns das dazu anhalten, unseren Lebensstil, unsere Gewohnheiten oder unsere Ernährung entsprechend auszurichten, also anzupassen oder auch zu ändern.
- Werteorientierung fördert Sinnfindung
  Werte geben unserem Leben einen Sinn und einen Zweck. Wenn wir unsere Werte kennen und danach leben, können wir ein erfülltes und sinnvolles Leben führen.
- Werteorientierung unterstützt Selbstwert
  Wenn unsere Handlungen und Entscheidungen mit unseren Werten in Einklang stehen, steigert dies unser Selbstwertgefühl und unsere Selbstachtung.

---

[5] Ein Dilemma (umgangssprachlich: Zwickmühle) bezeichnet eine Situation, die zwei Möglichkeiten der Entscheidung bietet und in der wir gezwungen sind, uns zwischen diesen beiden Optionen zu entscheiden, die beide zu einem unerwünschten Resultat führen.

- Werteorientierung beeinflusst Beziehungen
  Unsere Werte beeinflussen, wie wir welche Beziehungen eingehen und wie wir
  diese pflegen. Wenn uns beispielsweise Werte wie Loyalität und Vertrauen zu
  eigen sind, neigen wir dazu, enge und vertrauensvolle Beziehungen zu anderen
  aufzubauen.
- Werteorientierung reduziert Stress
  Wenn wir unsere Werte kennen und danach leben, können wir Prioritäten bes-
  ser setzen und uns auf die Dinge konzentrieren, die uns wichtig sind. Diese
  Fokussierung reduziert negativen Stress und steigert unsere mentale Fitness.
- Werteorientierung unterstützt (Persönlichkeits-)Entwicklung
  Indem wir unsere Werte reflektieren und an ihnen arbeiten, entwickeln wir uns
  weiter und wachsen als Persönlichkeit.

Darüber hinaus hat Werteorientierung einen Einfluss auf unsere mentale Stärke
(Unkrig 2022) und damit auf die Lebensqualität[6].

3.2 Wie wir unsere Werteorientierung (weiter-) entwickeln können

Selbstreflexion wie auch das Bewusstsein für die uns eigenen Werte erfordert,
dass wir uns mit diesen auseinandersetzen und reflektieren, warum wir welche
Werte präferieren. Dabei geht es darum, uns immer wieder zu fragen, welche
Überzeugungen und Prinzipien wir wo und wann vertreten und wie sich diese
Werte im Denken, Verhalten und Handeln zeigen. Damit machen wir uns unsere
Einstellungen und Haltungen bewusst(er) und können diese gegebenenfalls situa-
tiv oder auch grundsätzlich anpassen. Einen wesentlichen Beitrag dazu leisten der
Vergleich und das Abwägen eigener Werte mit denen unseres Umfelds. Das kann
auf verschiedenen Wegen bzw. aus verschiedenen Perspektiven erfolgen:

---

[6] Lebensqualität ist die subjektive Wahrnehmung einer Person hinsichtlich ihrer Stellung im
Leben in Relation zur Kultur und zu den Wertesystemen, in denen sie lebt – sowie in Bezug
auf ihre Ziele, Erwartungen, Standards und Anliegen. Es handelt sich um ein breitgefächertes
Konzept, das durch körperliche Gesundheit, psychologisches Befinden, Grad der Unabhän-
gigkeit, soziale Beziehungen und Beziehung zu Besonderheiten der eigenen Umwelt eines
Menschen vielschichtig beeinflusst wird (WHO 1998); siehe ergänzend Quittan 2001.

- Reflexion[7] der uns eigenen Werte
  Indem wir uns unserer eigenen Werte bewusst sind und diese reflektieren, können wir einschätzen, wie diese zu den Werten in unserem Umfeld und der Gesellschaft allgemein stehen. Dabei ist die zentrale Frage, ob die eigenen Werte im Einklang mit anderen Werten stehen oder ob es Widersprüche gibt.
- Auseinandersetzung mit anderen Werten
  Nur durch eine bewusste Auseinandersetzung mit den Werten, die in unserem Umfeld gelten, können wir beurteilen, ob und inwiefern diese zu den uns eigenen Werten passen. Dabei müssen wir im Blick haben, dass 1) vor allem in einer zunehmend globalisierten Welt gesellschaftliche Werte auch im Wandel sein können und dass es 2) Unterschiede in der Werteorientierung zwischen Kulturen und Ländern geben kann (siehe Hofstede 2001; Hampden-Turner und Trompenaars 2012).
- Dialog mit anderen
  Durch den Dialog mit anderen über verschiedene Sichtweisen und Wertvorstellungen hinterfragen und reflektieren wir unsere Werte, insbesondere durch den Perspektivwechsel bei uns selbst wie auch den bei anderen. Dies führt dazu, dass wir Gemeinsamkeiten und Unterschiede zwischen den eigenen Werten und denen von anderen identifizieren, klären und verstehen.

Wenn wir so agieren, wird es hier und da zu einer Konfrontation mit eigenen Widersprüchen und in der Konsequenz ggfs. auch zu Konflikten kommen. Erfahrungsgemäß helfen folgende Maßnahmen, damit konstruktiv umzugehen und die Sie, liebe Leserinnen und Leser, ggfs. auch aus dem Coaching und vergleichbaren Interventionen kennen:

- Selbstreflexion
  Indem wir uns selbst ehrlich und kritisch hinterfragen, decken wir Widersprüche und Konflikte auf. Vor allem müssen wir klären, welche Faktoren dazu beigetragen haben, dass ein Konflikt oder eine widersprüchliche Situation entstehen konnte.
- Perspektivwechsel
  Durch Perspektivwechsel betrachten wir Widersprüche und Konflikte aus einem anderen Blickwinkel und gewinnen dabei neue Erkenntnisse. Um eine

---

[7] Ein Reflexionsprozess entsteht grundsätzlich durch Beunruhigung, Zögern und Zweifeln sowie dem Prozess des Forschens und Suchens, um Tatsachen und Erklärungen zu finden, die die auslösenden Faktoren entweder bestätigen oder widerlegen (Dewey 2002).

andere Sichtweise einzunehmen und nicht im Hamsterrad der eigenen Gedanken zu bleiben, ist der Dialog mit anderen oder auch die Recherche zu Wissen
und Erfahrungen in Bezug auf das jeweilige Thema hilfreich.

- Unterstützung durch Dritte
  Wie so oft ist es auch in diesem Kontext hilfreich, sich Feedback und Unterstützung von außen zu holen. Vor allem unterstützen uns Menschen, die wir
  schätzen und denen wir vertrauen.
- Handeln und Erfahrungen sammeln
  Reflexion und Nachdenken haben ihre Grenzen. Manchmal lassen sich Widersprüche und Konflikte nur durch Handeln und Erfahrungsammeln auflösen.
  Durch das Testen von Handlungsoptionen finden wir heraus, welche Lösungs-
  ansätze funktionieren und welche Widersprüche resp. Konflikte wir aus
  eigener Kraft auflösen können – und welche nicht.

Das liest sich auf den ersten Blick leicht, braucht jedoch Energie und Durch-
haltewillen. Dabei ist entscheidend, dass wir bei der Konfrontation mit eigenen
Widersprüchen und Konflikten geduldig bleiben und uns nicht entmutigen lassen. Der damit einhergehende Prozess erfordert zwar Zeit und Mühe, wird uns
jedoch erfahrungsgemäß zu einem tieferen Verständnis unserer selbst, unserer
Persönlichkeit und zu einer Lösung von Konflikten führen. Um Handlungsmuster
auf Basis unserer Werteorientierung zu entwickeln, sind folgende vier Schritte
zielführend:

1. Reflexion der uns eigenen Werte
   Wie bereits in anderem Kontext angesprochen, müssen wir uns unserer Werte
   bewusst sein. Indem wir diese reflektieren, können wir einschätzen, welche
   Verhaltens- und Handlungsmuster dazu passen. Die dafür zentrale Frage ist:
   „Welches Verhalten und Handeln passt zu meinen Werten – und welches steht
   zu diesen im Widerspruch?"
2. Ziele entwickeln
   Auf der Grundlage der Ergebnisse aus Schritt 1 entwickeln und formulie-
   ren wir Ziele. Diese sollten möglichst s.m.a.r.t. (spezifisch, messbar, attraktiv,
   realistisch, terminiert) sein und mit unseren Werten im Einklang stehen.
3. Strategien entwickeln
   Um die in Schritt 2 entwickelten Ziele zu erreichen, müssen passende Strategien für die Zielerreichung gefunden werden. Diese bauen idealerweise

auf unseren eigenen Stärken, Ressourcen und Einflussbereichen[8] auf und berücksichtigen dabei mögliche Hindernisse und kalkulierbare Risiken.

4. Implementierung und Monitoring
Last but not least werden die in Schritt 3 als zielführend erkannten Strategien umgesetzt; sie sollten auch regelmäßig überprüft werden. Empfehlenswert ist dabei, dass wir uns Zwischenziele setzen und den damit einhergehenden Fortschritt dokumentieren. Vor allem Letzteres trägt zur Sichtbarkeit und Reflexion der eigenen Erfolge wie auch Misserfolge bei und unterstützt die Weiterentwicklung eigener Verhaltens- und Handlungsmuster.

3.3 Herausforderungen im Kontext individueller Werteorientierung

3.3.1 Konflikt-Management

Konflikte mit anderen Werteorientierungen können aus verschiedenen Gründen entstehen. Ursachen dafür sind

• unterschiedliche Werte
Wie bereits angesprochen haben Menschen unterschiedliche Werte, die aus verschiedenen Quellen stammen und unterschiedliche Bezüge haben. Stehen diese Werte miteinander in Konflikt, dann kommt es zu Spannungen, Streitigkeiten und Auseinandersetzungen.
• unterschiedliche Prioritäten
Selbst dann, wenn wir ähnliche Werte teilen, können Einzelne unterschiedliche Prioritäten setzen. Ein recht häufig auftretender Fall im beruflichen Kontext ist, dass für den einen oder die andere die Familie an erster Stelle steht, während für andere die Karriere oder der persönliche Freiraum wichtiger ist.
• unterschiedliche mentale Modelle, Überzeugungen und Meinungen
Menschen haben unterschiedliche mentale Modelle, Überzeugungen und Meinungen, die auf der spezifischen Sozialisation, Erfahrungen und dem jeweiligen gesellschaftlichen resp. kulturellen Hintergrund basieren. Wenn diese miteinander in Konflikt oder Widerspruch stehen, kommt es zu Kontroversen.

---

[8] „Einflussbereich" meint eine Aktivität oder ein Thema, auf das man Einfluss hat und einwirken kann (siehe vertiefend Dachs und Hornung 2021).

- Mangel an Verständnis und Toleranz
  Fehlt die Bereitschaft, die Werte und Überzeugungen anderer zu akzeptieren
  oder zu verstehen, führt dies vielfach zu Konflikten oder Ausgrenzung.
- gesellschaftliche Konflikte
  Gesellschaftliche Konflikte, die beispielsweise aus kulturellen Unterschieden,
  politischen Meinungsverschiedenheiten oder wirtschaftlicher Ungleichheit her-
  rühren, führen zu Konflikten zwischen verschiedenen Werteorientierungen.

Zur Lösung solcher Konflikte schlägt Carolin Schuster (Schuster 2018; siehe
ergänzend Malhotra 2012) folgende Strategien vor:

1. Um einen Werte- und Interessenskonflikt zu lösen, sollte dieser idealerweise
   als ein Problem betrachtet werden, für das eine gemeinsame Lösung gesucht
   wird – und nicht als eine Verhandlung, in der die jeweilige Position verteidigt
   oder erkämpft werden muss.
2. Wichtig ist ein offener, lösungsorientierter Austausch über die Interessen (also
   über das, was die Beteiligten eigentlich wollen) und über die Prioritäten einzelner Aspekte. Diese Offenlegung hilft zu erkennen, wo Gemeinsamkeiten sowie
   Vereinbarkeiten liegen und welche Zugeständnisse möglich sind. Letzteres
   heißt auch, dass die Beteiligten bei den Aspekten, die (ihnen) am wichtigsten sind, hartnäckig bleiben sollen, bis eine akzeptable und tragfähige Lösung
   gefunden ist.
3. Geschickte KonfliktlöserInnen versuchen, den Kuchen zu vergrößern, schreibt
   Schuster. Um diese Strategie erfolgreich umzusetzen, ist das Vertrauen nötig,
   dass das Gegenüber die Offenheit und Kompromissvorschläge nicht ausnutzt
   und sich an die Einigung und dabei getroffene Vereinbarungen hält. Je mehr
   die Beteiligten erkennen, dass eine Einigung die einzige befriedigende und
   realistische Lösung ist, umso eher werden sie kompromissbereit sein.
4. Die Vermittlung eines neutralen Dritten kann bei der Konfliktlösung helfen,
   insbesondere wenn den Konfliktbeteiligten deutlich wird, dass im Falle einer
   Nicht-Einigung eine Entscheidung von außen getroffen wird.

3.3.2 Management von Veränderungen

Die Veränderung individueller Werte (zu den Trends, die Veränderungen anstoßen
könnten, siehe BMBF 2020) kann auf verschiedene Arten erfolgen – je nachdem,
um welche Werte es sich handelt und welcher Prozess diese Veränderung auslöst.
Katalysatoren solcher Veränderungen sind insbesondere:

- (Persönlichkeits-)Bildung
  Individuelle Werte verändern sich durch Bildung und intellektuelle Entwicklung. Durch Bildung wie auch durch Erfahrungen gewinnen wir neue Perspektiven und Einsichten, die dazu führen (können), dass wir unsere Werte und Überzeugungen hinterfragen, überdenken und ggfs. ändern.
- soziales Umfeld
  Das soziale Umfeld hat, wie wir an anderer Stelle schon gesehen haben, einen starken Einfluss auf die Veränderung unserer Werte. Neue Freundschaften, Partner oder ArbeitskollegInnen können uns dazu anregen, unsere Ansichten und Einstellungen zu bestimmten Themen zu hinterfragen, zu überdenken und ggfs. die damit verbundenen Werte anzupassen resp. zu ändern.
- persönliche Reifung
  Mit zunehmender persönlicher Reifung und Entwicklungsstufe entwickeln sich oft auch unsere Werte. Prioritäten und Überzeugungen, die wir in unserer Jugend hatten, unterscheiden sich oft signifikant von denen, die wir als „Middle-Ager" (David Brainbridge nennt diesen Lebensabschnitt zwischen dem 40 und 60 Lebensjahr den kognitiven Höhepunkt im Leben des intelligentesten Lebewesens – Brainbridge 2012) haben.
- gesellschaftliche Veränderungen
  Nachhaltige gesellschaftliche Veränderungen führen dazu, dass sich individuelle Werte ändern (BMBF 2020). Beispielsweise haben sich in den letzten Jahren bei vielen von uns die Einstellungen gegenüber Themen wie Gleichberechtigung, LGBTQ-Rechten und Umweltbewusstsein geändert. Und das wohl auch, weil sich die öffentliche Präsenz, Wahrnehmung und Meinung zu diesen Themen verändert hat.

3.3.3 Stress-Management

Werte können zu einem Auslöser von Stress werden, wenn wir das Gefühl haben, dass unsere Werte und Überzeugungen nicht mit den Anforderungen und Erwartungen der Situation oder des Kontextes übereinstimmen (siehe auch Brendel 2015).

Die Gründe hierfür liegen auf der Hand und wurden hier und da bereits angerissen:

- Konflikte mit anderen Werten
  Manchmal geraten unsere Werte und Überzeugungen miteinander in Konflikt. Wenn wir beispielsweise gleichzeitig Freiheit und Verantwortungsbewusstsein

als Werte priorisieren, kommt es zu einem Konflikt, wenn wir eine Entscheidung treffen müssen, die nur einem dieser beiden Werte gerecht wird. Wir haben dann das Gefühl, dass wir einen unserer Werte vernachlässigen oder verletzen, was Stress auslöst.

- Konflikte mit sozialen Erwartungen
  Unsere Werte und Überzeugungen können durchaus in Konflikt mit sozialen Erwartungen und Normen stehen. Wenn wir uns in einem konservativen Umfeld für progressive Werte wie Gleichberechtigung und Vielfalt engagieren, kann die Konsequenz für uns Diskriminierung und Missbilligung aus unserem sozialen Umfeld sein.

- Konflikte mit beruflichen Anforderungen
  Unsere Werte und Überzeugungen können in Konflikt mit den Anforderungen und Erwartungen unseres Arbeitgebers oder Kunden stehen. Ein klassisches Beispiel ist die Arbeit in einer Funktion oder an einer Aufgabe, die unseren Werten und Überzeugungen nicht entspricht oder diese sogar verletzt. Das führt zu Stress, weil wir das Gefühl haben, dass wir Werte zugunsten von Status und Lebensunterhalt opfern (müssen).

- Veränderungen im Leben
  Negative Veränderungen wie das Ende einer Beziehung oder ein Jobverlust und grundsätzlich positive Veränderungen wie eine neue Partnerschaft oder Familienzuwachs können dazu führen, dass wir bisherige Werte und Überzeugungen infrage stellen. Stress entsteht dann, wenn wir das Gefühl haben, dass wir unsere Identität und unsere Werte neu definieren und anpassen müssen.

Werteorientierte Führung

4

Angesichts der anhaltenden, immer komplexeren und sich verändernden Herausforderungen eines VUKA-Umfelds (siehe Unkrig 2023) sind die Erwartungen an eine zeitgemäße, inspirierende und auf Ganzheitlichkeit ausgerichtete Führung heute größer als in der Vergangenheit. Und gleichzeitig klingt das, was in Bezug auf Führung erwartet und gefordert wird, so komplex und teilweise so widersprüchlich wie die Bedingungen und Herausforderungen in unserem Umfeld. Appelle an Führungspersönlichkeiten kreisen um Stärke, Ergebnisorientierung, dienende Führung, Charisma, Kooperation, Innovation und anderes. Was wir jedoch bei diesen Aufrufen beobachten, ist, dass sie oft aus einer ideologisch geprägten Welt[1] heraus entstehen und implizieren, dass jede andere Art von Führung – außer der, die erwartet resp. gefordert wird – ineffektiv, unangemessen oder schlichtweg falsch wäre (Hyatt und de Ciantis 2012; Zydziunaite 2018; siehe auch die Trendbeschreibungen bei Pfister 2022).

Eine werteorientierte Führung wird beschrieben als eine, die auf grundlegenden moralischen Prinzipien oder Werten wie Integrität, Befähigung und sozialer Verantwortung beruht (Reilly und Ehlinger 2007; Fulford und Coleman 2020). Als solche hat sie einen erheblichen Einfluss auf die Entscheidungen und Beziehungen einer Organisation. Einen grundsätzlichen Überblick siehe in Abb. 4.1.

---

[1] „Ideologie" bedeutet hier eine Bewusstseinsrichtung oder Denkströmung, die sich auf die Praxis bezieht oder diese beeinflussen will (siehe auch Topitsch und Salamun 1972; Harrison 1972).

E. R. Unkrig, *Die werteorientierte (Führungs-)Persönlichkeit*, essentials, https://doi.org/10.1007/978-3-658-42402-2_4

Abb. 4.1 Einflussfakt or en auf Entscheidungen und Beziehungen

Die Notwendigkeit von Werteorientierung in der Führung ist für den Gesamterfolg von Unternehmen so wichtig geworden, dass Wissenschaftler die wertebasierte Führung und die daraus resultierende Einhaltung moralischer und ethischer Grundsätze zu den wichtigen Faktoren zählen, die Einfluss darauf haben, ob sich Menschen für ihre Aufgaben engagieren und ob sich dieses Engagement (oder dessen Fehlen) auf die Produktivität auswirkt. Dass eine Organisation mit starken ethischen Überzeugungen ein stärkeres Engagement innerhalb dieser Organisation fördert, zeigen Forschungsergebnisse (Brown et al. 2005; Kalshoven et al. 2011); Pablo Ruiz-Palomino und Ricardo Martínez-Cañas (Ruiz Palomino und Martínez-Cañas 2014) kommen in ihrer Studie zu dem Ergebnis, dass Unternehmen mit einer starken ethischen Kultur tendenziell eine höhere Mitarbeiterzufriedenheit und mehr Engagement aufweisen. Und James Dempsey (Dempsey 2015) zeigt, dass Unternehmen mit einer starken Ethik eine höhere Mitarbeiterbindung und eine geringere Mitarbeiterfluktuation aufweisen. Die meisten Organisationen sehen Ethik und Grundwerte als grundlegend für das Unternehmensimage an, was den Gesamterfolg des Unternehmens direkt beeinflusst (Valentin und Barnett 2003; siehe auch das Fallbeispiel in Vagelos und Galambos 2006).

- Vertrauen
  Wenn Einzelne und Teams gemeinsame Werte teilen, entsteht ein Gefühl des Vertrauens und des gegenseitigen Verständnisses. Dieses Vertrauen trägt insbesondere dazu bei, positive Arbeitsbeziehungen zu fördern und die Kommunikation und die Zusammenarbeit zu verbessern.
- Respekt
  Gemeinsame Werte tragen auch dazu bei, innerhalb einer Organisation eine Kultur des Respekts zu entwickeln und zu fördern. Wenn Einzelne und Teams die Werte der anderen respektieren, führt dies zu einem besseren Verständnis und zur Akzeptanz abweichender Meinungen und Perspektiven.
- Konflikte lösen
  Konfliktlösung braucht die selbstkritische Reflexion des eigenen Tuns mit den dahinter liegenden Einstellungen und Werten, um sich konstruktiv mit deren Beitrag im Konflikt auseinanderzusetzen.
- Verantwortung übernehmen
  Werte spielen eine Rolle bei der Förderung von (Eigen-)Verantwortung innerhalb einer Organisation. Gemeinsame Werte fördern das Gefühl der Verantwortung und Verbindlichkeit untereinander und gegenüber der Organisation als Ganzes.
- Engagement
  Mit dem Gefühl, dass eigene Werte mit denen des Umfelds übereinstimmen, entstehen eine größere Arbeitszufriedenheit und ein höheres Engagement. Beides wirkt sich positiv sowohl auf die Produktivität, die Mitarbeiterbindung als auch auf den Gesamterfolg der Organisation aus.

Grundsätzlich können Werte positiv oder potenziell einschränkend wirken. Positive Werte wie Freundschaft, Vertrauen und Kreativität helfen uns, mit anderen in Kontakt zu bleiben und einen positiven Beitrag zur Gemeinschaft zu leisten (James 2014). Potenziell einschränkende Werte wie Eigennutz und Statusstreben bewirken genau das Gegenteil. Zwar befriedigen sie ggfs. unmittelbare Bedürfnisse, sind jedoch langfristig kontraproduktiv, oft spaltend und führen häufig zur Beeinträchtigung oder gar zum Abbruch von Beziehungen, wodurch alle positiven Beiträge, die wir möglicherweise hätten leisten können, untergraben werden. Die Priorisierung von potenziell einschränkenden Werten als Grundlage für bewusste oder unbewusste Entscheidungen führt zu Misserfolg, Isolation oder Trennung.

4.1   Werte in der Führung

Die wesentliche Rolle von Führung besteht darin, anderen Menschen einen Mehrwert zu bieten. Das setzt bei Führungspersonen die Fähigkeit zur Selbstreflexion
voraus: Was treibt mich an? Was ist mir wichtig, worauf lege ich Wert? Wie
denke ich über mich und andere? Wie verhalte ich mich in bestimmten Situationen gegenüber anderen? Wie wirke ich, um das Verhalten anderer zu beeinflussen
oder zu verändern? (Reese 2017). In Organisationen müssen die führungsleiten-
den Werte durch Verhalten und Handeln vermittelt werden, weniger durch das
gesprochene oder geschriebene Wort, meint Susan Heathfield (Heathfield 2018).
Denn: Werteorientierte Führungskräfte sind authentische Persönlichkeiten mit
klaren Prinzipien, die ehrlich und kongruent im Verhalten und Handeln sind, die
Menschen in ihrem Verantwortungs- und Wirkungsbereich wirklich inspirieren
und die ein Gefühl der Dankbarkeit für das empfinden, was über das hinausgeht,
was sie im Gegenzug erwarten.

Dass Führung die Werte einer Organisation beeinflussen sollte, ist kein
neuer Gedanke. Chester Barnard formulierte bereits 1938 als eine der zentralen Aufgaben oberer Führungskräfte (siehe Barnard 1938), Vision, Werte und
Unternehmenskultur festzulegen. Und führte dazu sinngemäß aus, dass sich Führungskräfte ihres Verhaltens und jeder einzelnen Handlung, die sie vornehmen
(oder unterlassen), sehr bewusst sein müssen, weil die gesamte Organisation
dies beobachte. Mit ihren Entscheidungen geben sie den Ton für ihr Umfeld
an und wirken so auch auf das Klima im Unternehmen. Philip Selznick sieht
reife Organisationen[2] dadurch charakterisiert, dass Führungskräfte sie mit Werten
anreichern (Selznick 1957). Insofern leiten und unterstützen Führungspersönlichkeiten andere, ihr eigenes Leben positiv zu verändern und einen Beitrag zu einem
größeren Ganzen zu leisten (Sen et al. 2013; Tauscher 2020). Werte sind dabei die
Grundlage für Führungsinterventionen, da die Führungskompetenzen im Rahmen
der Kernwerte aktiviert (erlernt, entwickelt und geübt) werden. Wenn wir uns
darauf konzentrieren, was Menschen glauben und schätzen, und dann positiv auf
diesem Verständnis aufbauen, erzielen wir in der Führungsrolle eine viel weitrei-
chendere Wirkung, als wenn wir Führung vor allem als Problemlösungsaktivität
betrachten.

Der wichtigste Faktor bei der Entscheidungsfindung ist, ob sich die Führungskraft im Reden und vor allem in ihrem Verhalten und Handeln zu Werten bekennt

---

[2] Organisationale Reife meint die Fähigkeit, mit Komplexität und Veränderung umzugehen
(siehe u. a. Daniel und Haasen 2021).

und diese auch transparent macht. Dabei muss sie solche wählen, die ihr am wichtigsten sind, an die sie glaubt und die ihre Identität ausmachen – und diese Werte explizit (vor-)leben. Denn: Eigene Werte vorzuleben ist eines der wirksamsten Werkzeuge, um andere zu führen und zu beeinflussen (Daft 2017; Heathfield 2018).

Werte in der Führung sind sowohl mit dem persönlichen als auch dem organisationalen Zweck (Harrison 1972) verbunden, und es ist wichtig zu verstehen, wie diese beiden Aspekte in unserem Verantwortungsbereich zusammenpassen. Dafür ist es notwendig, eine klare, prägnante und gemeinsam geteilte Bedeutung und Interpretation von Werten/Glaubenssätzen, Prioritäten und Ausrichtung zu entwickeln. Denn es muss das Ziel sein, dass jede/r Mitarbeitende die geteilten Werte versteht, zu diesen beiträgt und sie lebt. Mit der Konsequenz, dass sich Werte auf alles in der Organisation auswirken.

4.2 Werteorientierung der Führung im Überblick

Die Kultur einer Organisation entsteht, indem es gelingt, die Werte, von denen sie sich leiten lässt, jeden Tag erlebbar zu machen, schreibt Shih-Ying Yang (Yang 2011). Es hänge von der Führungskraft ab, dies in die Tat umzusetzen. Insofern ist es entscheidend, dass wir in der Führungsrolle wissen, ob und wie der Zweck der Organisation und die entsprechenden Werte, die unsere Mitarbeitenden präferieren, übereinstimmen. Wenn sie Leidenschaft und Commitment für das haben, was sie tun, dann sind sie auch bereit, Leistung zu bringen und ihr ganzes Potenzial einzubringen. Hingegen zerstören Arbeitsinhalte, die von den Mitarbeitenden auf subtile Weise verlangen, ihre grundlegenden moralischen Standards hintanzustellen, die Identifikation mit der Arbeit und dem Arbeitgeber (siehe Zacher et al. 2014). Führung, die in Worten und vor allem im Handeln klare Werte aufzeigt und vermittelt, hilft den Mitarbeitenden, sich mit ihrer Arbeit zu identifizieren und ein Gefühl der Sinnhaftigkeit zu erleben.

Als Führungskraft fordern wir Mitarbeitende in zweierlei Hinsicht heraus: erstens, ihre Stärken zu nutzen, um Herausforderungen anzugehen, denen sie sich bisher noch nicht gestellt haben, und zweitens, echte Meisterschaft in dem zu erlangen, was sie tun. Wesentlich ist dabei, das Team über den Einzelnen zu stellen und dabei den internen Wettbewerb zugunsten der gegenseitigen Unterstützung und Zusammenarbeit zu reduzieren. Das Wohl der Gruppe hat Vorrang vor egoistischen Motiven, weil es auch dem Einzelnen im Hier und Jetzt wie auch zukünftig Vorteile verspricht (Wuketits 2007, 2007a). Für Mitarbeitende sind die Beziehungen am Arbeitsplatz – und insbesondere die Beziehung zur

Führungskraft – ein wichtiger Motivator dafür, wie sie über ihre Arbeit und die Organisation, in der sie sich engagieren, denken. Dabei kann es vorkommen, dass sie ihre Arbeit als sinnlos empfinden. Denn intransparente Entscheidungsprozesse, politische Agenden, eine unzusammenhängende Wertschöpfungskette, Bürokratie – all dies entwertet, was Mitarbeitende als den eigentlichen, oft inspirierenden Zweck ihrer Arbeit wahrnehmen (de Botton 2012). Daher muss Führung Sinn vermitteln, der u. a. darin besteht, sich als einen wichtigen Teil des Ganzen zu fühlen und mit dem eigenen Tun einen Beitrag zum Erfolg aller zu leisten (Salcinovic et al. 2018). Denn Mitarbeitende wollen sich wie jeder Mensch wertgeschätzt fühlen – nicht nur für ihre Arbeit und deren Ergebnisse, sondern als Persönlichkeit. Das Vorhandensein – oder das Fehlen – dieses Gefühls der Wertschätzung wirkt sich darauf aus, wie sie über die Organisation und ihre Rolle darin denken (Sen et al. 2013).

4.3   Mut als Kernkompetenz werteorientierter Führung

Über (Führungs-)Kompetenzen wird viel geschrieben (Buhr 2016; Pastoors et al. 2019; Unkrig 2020). Die WHO[3] nennt 10 sogenannte „core life-skills"

* Selbstwahrnehmung
* Empathiefähigkeit
* kreatives Denken
* kritisches Denken
* Entscheidungen treffen
* Problemlösefertigkeiten
* kommunikative Kompetenz
* Beziehungsfertigkeiten
* Emotionsbewältigung
* Stressbewältigung

Eine Kompetenz, die nach meiner Erfahrung im Kontext werteorientierter Führung wesentlich ist und insbesondere im deutschsprachigen Bereich kaum

---

[3] Die Weltgesundheitsorganisation hat 1994 Lebenskompetenzen als Fähigkeiten zu adaptivem und positivem Verhalten definiert, die den/die Einzelne/n befähigen, sich den Anforderungen und Herausforderungen des täglichen Lebens zu stellen.

thematisiert wird, ist Mut[4] bzw. Courage[5] (auch als Beherztheit, Tapferkeit etc. bezeichnet) (Gavin 2020). Sie

- ist die Fähigkeit, die eigenen Befürchtungen oder Ängste im Griff zu haben;
- beinhaltet die geistige oder moralische Stärke, um etwas zu wagen, durchzuhalten und Gefahren, Ängsten oder Schwierigkeiten zu widerstehen;
- bedeutet, Verantwortung zu übernehmen, gegen den Strom zu schwimmen, mit Traditionen zu brechen, Grenzen zu überschreiten und Veränderungen einzuleiten;
- beinhaltet, über die Grenzen der eigenen Bequemlichkeit hinauszugehen, zu fordern, was man will, zu sagen, was man denkt, und für das zu kämpfen, woran man glaubt.

Eine mutige Führungskraft ist eine Person, die in der Lage ist, besser und vor allem mental stärker zu sein, wenn viel auf dem Spiel steht und sich die Umstände gegen sie wenden (siehe vertiefend Unkrig 2022). Sie lässt sich weder einschüchtern noch beirren und erkennt, dass inmitten von Turbulenzen auch eine Chance liegt, sich weiterzuentwickeln, sagt Nancy Koehn (zitiert nach Gavin 2020). Insofern ist Mut, wie Christopher Peterson und Martin Seligman (Peterson und Seligman 2004) schreiben, eine Charakterstärke, die die Ausübung des Willens zur Erreichung von Zielen fördert, selbst wenn sie auf Widerstand stößt. Sie zeigt sich in jeder Führungsintervention und ist die wahrscheinlich entscheidende Führungskompetenz, um sowohl eine inspirierende und überzeugende Vision zu entwickeln als auch außergewöhnliche Ergebnisse zu erzielen. Es gibt eine Reihe von Merkmalen, die Mut beschreiben und die eine wichtige Rolle in Bezug auf Führung spielen (können) (siehe ergänzend Brown 2018, 2019):

- Sensibilität und Achtsamkeit
- Klarheit der Werte
- Vertrauen
- Lern- und Innovationsfähigkeiten

Damit ist Mut nach Auffassung von Jim Detert (Detert 2021) Dreh- und Angelpunkt der Führung. Mut sei das, was erforderlich ist, um Probleme zu lösen,

---

[4] Während Mut traditionell eher mit dem körperlichen Einsatz in gefährlichen Situationen assoziiert wird (beispielsweise beim Militär, im Sport, bei Polizei und Feuerwehr), ist Courage eher ein moralisch konnotierter Wert.

[5] Siehe vertiefend Daft 2017.

innovativ zu sein, Chancen zu ergreifen und das Wohlergehen anderer zu sichern. Er schreibt: Als Gesellschaft haben wir uns weitgehend mit der Vorstellung abgefunden, dass mutiges Handeln nicht die Norm ist. Mut zeigt sich nur dann, wenn Menschen in außergewöhnliche Situationen geraten und wird sichtbar in den Entscheidungen, die wir auf der Basis unserer Werte treffen und wie wir uns dabei positionieren. Wenn wir in der Führungsrolle nicht mutig handeln, riskieren wir, dass sich Fake News, extreme Positionen, Diskriminierung und Machtmissbrauch ausbreiten.

Epilog

Seit jeher prägen Werte unser Denken, Verhalten, Handeln und unseren Umgang mit anderen. Im Kern geht es darum, was wir für wichtig erachten und was wir für richtig und falsch halten. Werte leiten unsere Entscheidungen, unsere Beziehungen und unsere Ziele. Trotz dieser Bedeutung gibt es Herausforderungen, denen wir uns stellen müssen. Denn in einer zunehmend komplexen und vernetzten Welt werden wir mit ethischen Dilemmata, Interessenkonflikten und konkurrierenden Werten konfrontiert. Dabei kann es schwerfallen, unsere persönlichen Bedürfnisse mit den Bedürfnissen anderer in Einklang zu bringen oder uns in der Komplexität der Beziehungen zurechtzufinden, ohne unsere eigenen Werte zu vernachlässigen. Denn letztlich sind es Werte, die jede/n Einzelne/n als Persönlichkeit ausmachen und die dazu inspirieren, für ein tolerantes, faires, achtsames und wertschätzendes Miteinander einzutreten. Auch wenn die damit verbundenen Herausforderungen groß sind, dürfen wir die Bedeutung dieser Werte und die Rolle, die jede/r von uns bei ihrer Wahrung spielen kann, nie aus den Augen verlieren. Und das heißt:

- Wir alle tragen eine Verantwortung für die Zukunft unserer Werte und damit für die Zukunft unserer Gesellschaft. Deshalb müssen wir uns bewusst machen, welche Werte für uns und für unsere Mitmenschen wichtig sind und wie wir diese Werte umsetzen.
- Wir müssen uns dafür einsetzen, dass die Werte, die uns wichtig sind, vorgelebt und weitergegeben werden. Dazu gehört, dass wir uns an (Werte-)Diskussionen beteiligen, uns für unsere Überzeugungen einsetzen und dabei die Rechte und Bedürfnisse anderer im Blick behalten.

E. R. Unkrig, *Die werteorientierte (Führungs-)Persönlichkeit*, essentials, https://doi.org/10.1007/978-3-658-42402-2_5

- Wir müssen die Verantwortung für die Zukunft unserer Werte übernehmen. Deshalb sollten wir uns für ein Miteinander einsetzen, das auf Werten wie Freiheit, Gleichheit, Solidarität, Wertschätzung basiert.

Werte und der Wille entscheiden! Nur so werden wir gemeinsam eine lebenswerte Zukunft für uns und die, die nach uns kommen, gestalten können. Und vielleicht haben diese *essentials* einen kleinen Beitrag dazu geleistet.

Was Sie aus diesem *essential* mitnehmen können

- Werte sind das, was uns als Persönlichkeit definiert und antreibt und unserm Leben einen Sinn und Orientierung gibt.
- Wir tragen Verantwortung für unserer Werte und damit auch für die Zukunft unserer Gesellschaft. Deshalb müssen wir uns bewusst machen, welche Werte für uns persönlich und für unser Umfeld wichtig sind und wie wir diese Werte umsetzen.
- Werte, die uns wichtig sind, müssen wir sichtbar machen und vorleben, um unser Umfeld zum Mitmachen zu inspirieren. Dazu gehört der Mut, sich für die eigenen Überzeugungen einzusetzen, ohne die Rechte und Bedürfnisse anderer zu verletzen.
- Geteilte Werte helfen uns dabei, gemeinsam eine lebenswerte Zukunft für uns und die, die nach uns kommen, gestalten zu können. Sie vereinfachen die Entscheidungsfindung in herausfordernden Zeiten und nehmen uns in die Pflicht, nachhaltig zu handeln.

Literatur[1]

Abels, H. (2010). Identität: Antworten, Fragen, eine Definition und ein Ziel. In: Abels, H. Identität. VS S. 245–258

Ahlstrom-Vij, K. (2015). The Social Virtue Of Blind Deference. In: Philosophy and Phenomenological Research 91(3) S. 545–582

Aluja, A./Garcia, L. (2004). Relationships between Big Five personality factors and values. In: Social Behavior and Personality 32(7) S. 619–625

Antoci, D. (2019). The modern concept of value orientation. In: Advances in Education Sciences 2019–1(1) S. 67–84

Asendorpf, J, (2015). Persönlichkeitspsychologie für Bachelor. Springer

Bainbridge, D. (2012). Middle Age: A Natural History. Portobello

Barnard, I. (1938). Functions of the Executive. Harvard Press

Barrett, R. (2013). The Values-Driven Organization: Unleashing Human Potential for Performance and Profit. Routledge

Behr, M. (2020). Interkulturelle Kompetenz und pädagogische Professionalität: Kulturelle Vielfalt als Chance für den Bildungs- und Erziehungsprozess. Springer

Bertelsmann Stiftung (Hrsg.) (2017). Leitlinien für die Wertebildung von Kindern und Jugendlichen

Bilsky, W./Schwartz, S. (1994). Values and personality. In: European Journal of Personality 8 S. 163–181

Birondo, N./Braun, S. (Hrsg.) (2017). Virtue's Reasons. New Essays on Virtue, Character, and Reasons. Routledge

Blumenberg, H. (2020). Die Lesbarkeit der Welt. 11. Aufl. Suhrkamp

BMBF Bundesministerium für Bildung und Forschung (Hrsg.) (2020). Zukunft der Wertvorstellungen der Menschen in unserem Land.

Bogdanova, O. (1974). The Role of Moral Norms in the Behavior of Young Schoolchildren. In: Soviet Education 17(1) S. 22–38

Brendel, D. (2015). Manage Stress by Knowing What You Value. In: Harvard Business Review 08.09.2015

Brown, B. (2018). Dare to Lead: Brave Work. Tough Conversations. Whole Hearts. Vermilion

---

[1] Hier angeführte Online-Quellen wurden letztmalig am 22.05.2023 abgerufen.

© Der/die Herausgeber bzw. der/die Autor(en), exklusiv lizenziert an Springer Fachmedien Wiesbaden GmbH, ein Teil von Springer Nature 2023
E. R. Unkrig, *Die werteorientierte (Führungs-)Persönlichkeit*, essentials,
https://doi.org/10.1007/978-3-658-42402-2

Brown, B. (2019). Braving the Wilderness. The Quest for True Belonging and the Courage to Stand Alone. Random House

Brown, M./Treviño, L./Harrison, D. (2005). Ethical leadership: A social learning perspective for construct development and testing. In: Organizational Behavior and Human Decision Processes 97, S. 117–134

Buhr, A. (2016). Führungsprinzipien. Worauf es bei Führung wirklich ankommt. GABAL

BzPB Bundeszentrale für Politische Bildung (Hrsg.) (o. J.) Das junge Politik-Lexikon online.

Cullity, G. (2018). Moral Virtues. Concern, Respect, and Cooperation. Oxford Academic S. 131–152

Cuncic, A. (2021). What Are Moral Principles? https://www.verywellmind.com/what-are-moral-principles-5198602

Dachs, C./Hornung, M. (2021). Ich bitte um Konzentration. In: Dachs, C./Hornung, M. Zellkultur. Ein Business-Roman über bionische Organisationsdesign. Nova MD S. 159–188

Daft, R. (2017). The Leadership Experience. 7. Aufl. South-Western College Publishing

Daniel, S./Haasen, B. (2021). Die reife Organisation. In: ManagerSeminare Heft 276 S. 40–47

de Botton, A. (2012). Freuden und Mühen der Arbeit. Fischer

Dempsey, J. (2015). Moral Responsibility, Shared Values, and Corporate Culture. In: Business Ethics Quarterly, 25(3) S. 319–340

Dewey, J. (2002). Wie wir denken. Pestalozzianum

Drewermann, E. (2012). Die sieben Tugenden. Patmos

DRK Deutsches Rotes Kreuz e. V. (Hrsg.) (2013). Werte und Wertebildung in Familien, Bildungsinstitutionen, Kooperationen. Beiträge aus Theorie und Praxis

Drucker, P. (2006). Kardinaltugenden effektiver Führung. Redline

Dunfee, T./Pincus, T./Sekera, L. (2021). Cultural Values and International Differences in Business Ethics. Oxford University Press

Eichner, K. (1981). Die Entstehung sozialer Normen. Springer

Elßner, T. (2017). Der Koblenzer Entscheidungscheck – Teil einer berufsethischen Bildung. In: von Scheliha, A./Lohmann, F./Hofmann, F. (Hrsg.) Zur Sache Bw Ausgabe 31 1/2017 S. 40–43

Emrich, E. (2002). Werte im Sport. Einige soziologische Anmerkungen über Werte und Wertungen. In: Leistungssport 6/2002 S. 24–29

Encyclopedia Britannica. https://www.britannica.com/topic/virtue-in-Christianity

Erpenbeck, J./Sauter, W. (2018). Wertemanagement auf individueller Ebene. In: Erpenbeck, J./Sauter, W. Wertungen, Werte – Das Fieldbook für erfolgreiches Wertemanagement. Springer S. 157–202

Essien, E. (2020a). Handbook of Research on the Impact of Culture in Conflict Prevention and Peacebuilding. IGI Global

Feather, N. (1988). The Meaning and Importance of Values: Research with the Rokeach Value Survey. In: Australian Journal of Psychology 40{4) S. 377–390

Flesher Fominaya, C./Feenstra, R. (Hrsg.) (2020b). Political Values in Europe: The Democratic Challenge. Routledge

Fulford, M./Coleman, R. (2020). Maximizing the value of values-based leadership (VBL): a reconceptualization for leaders and organizations. In: Journal of Applied Leadership and Management 9, S. 61–72

Ganster, L. (2015). Werteorientierung im beruflichen Handeln. Grin

Gavin, M. (2020). 5 Characteristics of a Courageous Leader. Harvard Business School online 02.03.2020

Goldberg, L. (1993). The structure of phenotypic personality traits. In: American Psychologist 48(1) S. 26–34

Goldberg, S. (2009). The social virtues: Two accounts. In: Acta Analytica 24 (4) S. 237–248

Graves, C. (1970) Levels of Existence: An Open System Theory of Values. In: Journal of Humanistic Psychology 10(2) S. 131–155

Grundwald, A. (2019). Innovationsethik: Eine Einführung in aktuelle Debatten. Springer

Gugel, G. (2013). Didaktisches Handbuch Werte vermitteln – Werte leben. Berghof Foundation

Halbig, C./Timmermann, F. (2021). Handbuch Tugend und Tugendethik. Springer

Hallschmitt, T. (2020). Praktische Philosophie – Werte und Normen: Grundlegende Fragestellungen der Praktischen Philosophie. Eigenverlag

Hampden-Turner, C./Trompenaars, F. (2012). Riding the Waves of Culture: Understanding Diversity in Global Business. 3. Aufl. Nicholas Brealey International

Harrison, R. (1972). Understanding your organization's character. In: HBR May-June 1972 S. 119–128

Heathfield, S. (2018). Leadership values and workplace ethics. https://www.thebalancecareers.com/leadership-values-and-workplace-ethics-1918615

Heitmeyer, W. (2021). Moralische Orientierung in Zeiten gesellschaftlichen Wandels: Wertewandel und Wertekonflikte im 21. Jahrhundert. Beltz Juventa

Hills, M. (2002). Kluckhohn and Strodtbeck's Values Orientation Theory. Online Readings in Psychology and Culture 4(4)

Hofstede, G. (2001). Culture's Consequences. Comparing Values, Behaviors, Institutions, and Organizations across Nations. Sage

Hu, X./Xu, Z./Mai, X. (2017). Social value orientation modulates the processing of outcome evaluation involving others. In: Social Cognitive and Affective Neuroscience 12(11) S. 1730–1739

Hyatt, K./de Ciantis, C. (2012). Values driven leadership. Integral Leadership Review. http://integralleadershipreview.com/7601-values-driven-leadership/

James, P. (2014). Aligning and propagating organisational values. In: Procedia Economics and Finance, 11, S. 95–109

Johnson-Laird, P. (1983). Mental Models: Towards a Cognitive Science of Language, Inference, and Consciousness. Harvard University Press

Kalshoven, K./Hartog, D./Hoogh, A. (2011). Ethical leadership at work questionnaire (ELW): Development and validation of a multidimensional measure. In: The Leadership Quarterly 22(1), S. 51–69

Kanngiesser, P./Schäfer, M./Herrmann, E./Tomasello, M. (2021). Children across societies enforce conventional norms but in culturally variable ways. In: PNAS Research Article 119(1)

Kim, M./Gutmann, T./Friedrich, J./Neef, K. (2021). Werte im Ethikunterricht: An den Grenzen der Wertneutralität. Barbara Budrich

Kinneging, A. (2011). The Geography of Good and Evil: Philosophical Investigations. 2. Aufl. ISI Books

Klein, R./Görder, B. (Hrsg.) (2011). Werte und Normen im beruflichen Alltag: Bedingungen für ihre Entstehung und Durchsetzung. LIT

Kluckhohn, C. (1951). Values and Value-Orientations in the Theory of Action: An Exploration in Definition and Classification. In: Parsons, T./Shils, E. (Hrsg.). Toward a General Theory of Action. Harvard University Press S. 388–433

Kohlberg, L. (1984). The Psychology of Moral Development: The Nature and Validity of Moral Stages. Harper & Row

Krumm, R./Parstorfer, B. (Hrsg.) (2018). Clare W. Graves: His Life and His Work. iUniverse

Löhrer, G. (2007). Werte, Tugenden und Argumente. In: Senatsverwaltung für Bildung, Wissenschaft und Forschung Berlin. (Hrsg.). Ethische Reflexionen zu Themen des Rahmenlehrplans Ethik, S. 10–15

Ludwig, R. (2005a). Kant für Anfänger. Der kategorische Imperativ. Eine Leseeinführung. 10. Aufl. Dtv

Luther, M. (2016). 1. Kor 13, 1–13. In: Die Bibel – Altes und Neues Testament: Übersetzung von Martin Luther in der Textfassung von 1912. Anaconda

Malhotra, D. (2012). Negotiate or litigate? Harvard University

McGowan, D. (2013). Atheism For Dummies. Wiley

Morand, S./Walther, B. (2018a). Individualistic values are related to an increase in the outbreaks of infectious diseases and zoonotic diseases. In: Scientific Reports 8(1)

Niedermeier, S. (2014). Wertebildung im Unternehmen. Theoretische Grundlagen und Implementation. (Dissertation) LMU München

Pastoors, S./Becker, J. (2019). Grundlagen der werteorientierten Führung: Werte definieren und kommunizieren. In: Pastoors, S./Becker, J./Ebert, H./Auge, M. (Hrsg.). Praxishandbuch werteorientierte Führung. Springer S. 16–30

Peterson, C./Seligman, M. (2004). Character Strengths and Virtues: A handbook and classification. Oxford University Press

Pfister R. (2022). Ein falsches Wort. Wie eine neue linke Ideologie aus Amerika unsere Meinungsfreiheit bedroht. 2. Aufl. DVA

Pleger, W. (2017). Der kategorische Imperativ (Kant). In: Pleger, W. Das gute Leben. Metzler S. 94–101

Popitz, H. (2006). Soziale Normen. Suhrkamp

Puntscher Riekmann, S./Pollak, J. (2021). Moral Values and European Identity: Ethical Foundations of the European Union in Times of Crisis. Palgrave Macmillan

Quittan, M. (2001). Lebensqualität. In: Fialka-Moser, V. (Hrsg.) Kompendium der Physikalischen Medizin und Rehabilitation. Springer S. 59–64

Räss, S. (2018). Tugendethik: Die praktische Alltagsethik? In: Swiss Portal for Philosophy www.philosophie.ch/2018-06-02-raess

Rawls, J. (1979). Eine Theorie der Gerechtigkeit. Suhrkamp

Reese, S. (2017). Leadership Core Values and Beliefs are Keys to Greatness. Center for Management and Organization Effectiveness. https://cmoe.com/blog/great-leaders-have-specific-beliefs-and-core-values/

Reilly, A./Ehlinger, S. (2007). Choosing a Values-Based Leader. An Experiential Exercise. In: Journal of Management Education 31(2) S. 245–262

Reiter, J. (2017). Was trägt? Werte, Ideale, Normen, Tugenden. Vom Umgang miteinander. Vortrag an der Deutschen Richterakademie in Trier – 09.05.2017

Röhr, H.-P. (2005). Narzissmus. Das innere Gefängnis. 13. Auflage. dtv

Rokeach, M. (1973). The Nature of Human Values. The Free Press

Ronheimer, M. (2000). Die sittlichen Tugenden. Anthropologische und praktisch-kognitive Dimension. In: Imago Hominis – Zeitschrift des Instituts für medizinische Anthropologie und Bioethik. 2000/7(2) S. 103–114

Rudolfsson, G./Berggren, I./Barbosa da Silva, A. (2014). Experiences of Spirituality and Spiritual Values in the Context of Nursing – An Integrative Review. In: The Open Nursing Journal 8 S. 64–70

Ruiz-Palomino, P./Martínez-Cañas, R. (2014). Ethical Culture, Ethical Intent, and Organizational Citizenship Behavior: The Moderating and Mediating Role of Person–Organization Fit. In: Journal of Business Ethics 120(1) S. 95–108

Rümelin, J. (2022). Politischer Liberalismus: Eine Einführung. Beck

Salcinovic, B./Drew, M./Dijkstra, P./Waddington, G./Serpell, B. (2018). Factors Influencing Team Performance: What Can Support Teams in High-Performance Sport Learn from Other Industries? A Systematic Scoping Review. In: Sports Medicine – Open 8(25)

Scarano, N. (2011). Metaethik – ein systematischer Überblick. In: Düwell, M./Hübenthal, C./Werner, M. (Hrsg.). Handbuch Ethik. 3. Aufl. Metzler S. 25–35

Schlöder, B. (1993). Werte und Persönlichkeit. In: Soziale Werte und Werthaltungen. VS S. 139–172

Schmidt, T. (2011) Deontologische Ethik. In: Stoecker, T./Neuhäuser, C./Raters, M. (Hrsg.). Handbuch Angewandte Ethik. Metzler S. 43–49

Schumann, S. (2012). Individuelles Verhalten. Möglichkeiten der Erforschung durch Einstellungen, Werte und Persönlichkeit. Wochenschau Verlag

Schuster, C. (2018). Konflikte über unterschiedliche Interessen und Werte lösen. www.fachnetzflucht.de/konflikte-ueber-unterschiedliche-interessen-und-werte-loesen

Schwartz, S. (1992). Universals in the content and structure of values: Theoretical advances and empirical tests in 20 countries. In: Zanna, M. (Hrsg.). Advances in experimental social psychology Vol. 24. Academic Press S. 1–65

Schwartz, S./Bilsky, W. (1987). Toward a universal psychological structure of human values. In: Journal of Personality and Social Psychology, 53, S. 550–562

Schwartz, S./Bilsky, W. (1990). Toward a theory of the universal content and structure of values: extensions and cross-cultural replications. In: Journal of Personality and Social Psychology 58 S. 878–891

Selznick, P. (1957) Leadership in Administration: A Sociological Interpretation. Harper & Row

Sen, A./Kabak, K./Yanginlar, G. (2013). Courageous leadership for the twenty-first century. In: Procedia – Social and Behavioral Sciences 75(3), S. 91–101

Singer, P. (2013). Praktische Ethik. Reclam

Sir Peter Ustinov Institut (Hrsg.) (2012). Vorurteile. Ursprünge, Formen, Bedeutung. De Gruyter

Spaemann, R. (1987) Das Natürliche und das Vernünftige. In: Schwemmer, O. (Hrsg.). Über Natur. Philosophische Beiträge zum Naturverständnis. Klostermann S. 149–164

Sturm, T./Wagner, P. (2020). Inklusion als Wert: Theoretische Perspektiven und empirische Befunde. Beltz Juventa

Suchanek, A. (2021). Nachhaltigkeit von Werten: Reflexionen über eine ethische Herausforderung. Springer

Tauscher, A. (2020). Auswirkung der Beziehungsqualität zwischen Führungskraft und Mitarbeitern auf die Arbeitszufriedenheit. Eine empirische Untersuchung. Grin

Thome, H. (2015). Values, Sociology of. In: Wright, J. (Hrsg.). International Encyclopedia of the Social & Behavioral Sciences (2. Aufl.), Vol 25. Elsevier S. 47–53

Thomé, M. (2007). Was etwas wert ist. Begriffsbestimmungen und Orientierungsfragen. In: KBE (Hrsg.) L(i)ebens-wert! Lernort Gemeinde, Anstößiges rund um Werte, Gemeindeentwicklung und die (künftige) Rolle der Erwachsenenbildung, S. 14–27

Tillmann, D./Colomina, P. (2001). Living Values Educator Training Guide. HCI

Topitsch, E./Salamun, K. (1972). Ideologie. Herrschaft des Vor-Urteils. Langen-Müller

Tsirogianni, S./Sammut, G./Park, E. (2014). Social Values and Good Living. In: Michalos, A. (Hrsg.). Encyclopedia of Quality of Life and Well-Being Research. Springer S. 6187–6190

Turner, V. (1974). Dramas, Fields, and Metaphors: Symbolic action in human society. Cornell University Press

UNICEF (2017). Gender Equality: Glossary of terms and concepts. United Nations Children's Fund, Kathmandu, November 2017

UNICEF (2021). Defining social norms and related concepts. November 2021

Unkrig, E. (2020a). Mandate der Führung 4.0. Springer

Unkrig, E. (2020b). VUKA – Imperativ unserer Welt. In: Unkrig, E. Mandate der Führung 4.0. Springer S. 1–34

Unkrig, E. (2022). Mentale Stärke im Beruf. Springer

Unkrig, E. (2023). VUKA – Bedrohung oder Chance? In: Laske, S./Orthey, A./Schmid, M. (Hrsg.). PersonalEntwickeln – Das aktuelle Nachschlagewerk für Praktiker. Wolters Kluwer

Vagelos, R./Galambos, L. (2006). The Moral Corporation: Merck Experiences. Cambridge University Press

Valentin, S./Barnett, T. (2003). Ethics code awareness, perceived ethical values, and organizational commitment. In: Journal of Personal Selling and Sales Management 23(4) S. 359–367

VELKD Dritte Bilaterale Arbeitsgruppe der Deutschen Bischofskonferenz und der Vereinigten Evangelisch-Lutherischen Kirche Deutschlands (Hrsg.) (2017). Gott und die Würde des Menschen, S. 56–58

Weibler, J. (2008). Werthaltungen junger Führungskräfte: Forschungsstand und Forschungsoptionen. Hans-Böckler-Stiftung

WHO (Hrsg.) (1998). WHOQOL User Manual

Wuketits, F. (2007a). Moderne Evolutionstheorie – Der wahre Egoist ist immer hilfsbereit. https://www.handelsblatt.com/technik/forschung-innovation/moderne-evolutionstheorie-der-wahre-egoist-ist-immer-hilfsbereit-seite-2/2897504-2.html

Wuketits, F. (2007b) Der freie Wille. Hirzel

Yang, S. (2011). Wisdom displayed through leadership: Exploring leadership-related wisdom. In: The Leadership Quarterly 22(4) S. 616–632

Zacher, H./Pearce, L./Rooney, D./McKenna, B. (2014). Leaders' Personal Wisdom and Leader–Member Exchange Quality: The Role of Individualized Consideration. In: Journal of Business Ethics 121(2) S. 171–187

ZInFü Zentrum Innere Führung (Hrsg.) (2020). Die Verteidigung unserer Werte: Gemeinsam gegen Extremismus

Zirfas, J. (1999). Die Lehre der Ethik. Beltz

Zydziunaite, V. (2018). Leadership Values and Values Based leadership. What is the Main Focus? In: Applied Research in Health and Social Sciences 15(1) S. 43–58

Printed in the United States
by Baker & Taylor Publisher Services